"人事合一"与"胜任力管理"

来自实践的新理念、新方法

张育新 著

企业管理出版社

图书在版编目（CIP）数据

"人事合一"与"胜任力管理"：来自实践的新理念、新方法/张育新著．－－北京：企业管理出版社，2017.11

ISBN 978-7-5164-1606-8

Ⅰ．①人… Ⅱ．①张… Ⅲ．①企业管理－人力资源管理－研究 Ⅳ．①F272.92

中国版本图书馆CIP数据核字（2017）第264356号

书　　名："人事合一"与"胜任力管理"：来自实践的新理念、新方法
作　　者：张育新
选题策划：周灵均
责任编辑：周灵均
书　　号：ISBN 978-7-5164-1606-8
出版发行：企业管理出版社
地　　址：北京市海淀区紫竹院南路17号　　邮编：100048
网　　址：http://www.emph.cn
电　　话：编辑部（010）68456991　　发行部（010）68701073
电子信箱：emph003@sina.cn
印　　刷：北京宝昌彩色印刷有限公司
经　　销：新华书店
规　　格：170毫米×240毫米　16开本　14.75印张　210千字
版　　次：2017年11月第1版　2017年11月第1次印刷
定　　价：48.00元

版权所有　翻印必究·印装有误　负责调换

目 录 CONTENTS

序　言……001
前　言……005

第一章　人事管理：从"人事分离"走向"人事合一"……001

第一节　人事管理者要确立"人事合一"理念 \\ 002

第二节　非人事管理者也要确立"人事合一"理念 \\ 012

第二章　人事管理者：从"六项胜任力"走向"九项胜任力"……019

第一节　以"新型胜任力"为基础，建立 HR 职业资格评价新体系 \\ 020

第二节　如何打造一个高效的 HR 部门 \\ 028

第三章　人事管理变革：从以岗位为基础走向以胜任力为基础……035

第一节　构建以胜任力为基础的人力资源管理新体系 \\ 036

第二节　《胜任力管理手册》的编写 \\ 056

第四章　人才管理：从经营"事"走向经营"人"……081

第一节　学习曾国藩、韦尔奇，提升经营"人"的能力 \\ 082

第二节　论管理者的领导能力建设 \\ 089

第三节　总经理的角色要求及选用 \\ 100

第四节　谈企业经理外逃事件的原因与对策 \\ 106

第五章　绩效管理：从"业绩管理"走向"三力系统"……121

第一节　创立"三力系统"，推动企业又好又快发展 \\ 122

　　　　附：张德点评中国宝安集团人力资源总监张育新演讲 \\ 135

第二节　"双轨制"绩效管理操作方法 \\ 136

第六章　文化管理：从价值观的确立走向价值观的更新……149

第一节　价值观建设的关键点 \\ 150

第二节　企业文化的重建与变革 \\ 158

附　录……177

某上市公司人力资源规划 \\ 178

某上市公司人才队伍建设方案 \\ 191

某上市公司组织管理手册（摘录）\\ 206

序　言

在实践中领悟新理念，探索新方法

2008年4月，第三届中国人力资源管理大奖颁奖典礼在首都北京举行，峰会期间，我见过张育新同志。当时他作为"十佳企业"和"成果金奖"的代表之一，在会议上做了"创立三力系统，推动企业又好又快发展"的精彩发言，并由清华大学的张德教授现场点评，因而给我留下了深刻的印象。

这次出版的《"人事合一"与"胜任力管理"》一书，是张育新同志长期从事企业人事管理工作，并坚持实践探索与理论探讨相结合的一个结晶。从本书的前言和目录中可以看出，本书是在对多年的研究成果进行综合整理的基础上编写出来的，已经形成颇具特色的论述体系。

本书第一、二、三章论述的是人事管理的理念、人事管理者的胜任力和人事管理体系的变革。第四、五、六章论述的是人才管理、绩效管理和文化管理。尽管研究的课题是多侧面的，但都集中在企业人事管理实践这个范畴。企业人事研究是人事研究的一个分支，而人事研究与人才研究有着密不可分的联系。人事研究的主要内容是人力资源的开发与管理，人才研究的主要内容是人才成长规律的探讨及人才的发现、培养与使用。而人才的发现、培养和有效使用正是人事研究

"人事合一"与"胜任力管理"
来自实践的新理念、新方法

的核心内容。本书的研究成果聚焦于企业人事管理实践的提升与优化，这是企业从事人事管理工作的朋友们普遍关心的问题，因而可以为他们提供一种借鉴，也可以为其他相关人员提供一种参考。

在阅读本书的过程中，特别引起我注意的是第一章：人事管理从"人事分离"走向"人事合一"。文中提到的人事分离的问题在相当多的人事管理者的实际工作中是存在的。其中一个重要原因，是我们在引进西方管理理论和管理方法时，也引进了西方的思维工具和思维方式，对任何事物的研究，比较注重"细分"，而不太注重"统合"，而一分再分的结果，就使得我们的一些人事工作者，只看到职责范围内的管人工作，而没有看清楚所管的人"正在做"或"将要做"的事，因而在某种程度上出现人事分离，影响了人事管理的效能。正是针对这种问题，本书作者从王阳明的"知行合一"理念得到启示，提出了"人事合一"的理念，这是值得特别肯定的。

本书第三章，论述的是"从以岗位为基础走向以胜任力为基础"的人事管理变革。其中第一节介绍了一个企业实施胜任力管理的经验，第二节介绍了胜任力管理手册编写的目的、方法及内容。从目前企业人事管理的实践看，多数企业注重的还是绩效管理，胜任力管理多停留于理论上的研究探讨，并未进入实施阶段。本书作者的可贵之处在于，已将这套方法导入多个企业的人事管理实践，并在实践中不断地总结优化。对于想导入胜任力管理的企业组织或其他组织而言，可以从中获得不少新知。我认为，从注重业绩管理到注重胜任力管理是一种进步。业绩管理注重的是组织及岗位业绩目标的设定、跟踪、考核及结果应用，胜任力管理注重的是岗位胜任力要素的确认、测评及员工胜任力的提升。一般而言，组织业绩的增长必须靠员工胜任力的提升作为支撑。没有胜任力管理，只有业绩管理，业绩的提升是受限的。并不是企业奖金的刺激越多，组织及员工的业绩就越好。员工的胜任力就是那么一个水平，再多的奖金刺激也不能继续提升业绩。

本书第五章论述的内容是绩效管理如何"从业绩管理走向'三力系统'"，着重介绍了宝安集团建设三力系统，推动企业发展的经验。这一部分，张德教授已做了点评，我就不再赘言。

总之，本书中提到的一些理念和方法，来自于作者长期深入实践的领悟和探索。期待广大企业人事管理者和其他相关人员对这些理念和方法进行讨论和交流，以推动企业人事管理实践的不断进步。

是为序。

王通讯

（中国人事科学研究院原院长）

2017 年 6 月 24 日

前 言

本人自 1983 年至今从事组织人事工作 30 多年。先是在深圳大学任人事处副处长，后在深圳市委组织部任调研处处长，继而在宝安集团任人力资源总监兼人力资源部部长，现在贝特瑞、大地和两家上市公司担任人力资源顾问。在此期间，既从事实践工作，也结合实践进行了一系列理论上的探讨，发表了一批论文和经验总结，并应邀在一些全国性和国际性的人力资源管理高峰论坛上发表演讲，还主持制订了人力资源规划、人力队伍建设方案、绩效管理方案、组织管理手册、胜任力管理手册等一系列实用性操作文本。现综合整理上述成果，编写了《"人事合一"与"胜任力管理"》一书。

本书的价值在于为企业从事人事工作的朋友提供一些针对实践问题，具有实际指导意义的新理念、新方法。其中，"人事合一"是针对业界的误区和通病提出的新理念，"胜任力管理"是业界正在探讨的新方法，具有通用性和可复制性，已结合多个企业的实际情况进行复制，并获得成功。阅读本书可以在几个方面获得启示：一是人事管理如何从"人事分离"走向"人事合一"；二是人事工作者如何从"六项胜任力"走向"九项胜任力"；三是人事管理变革如何从以岗位为基础走向以胜任力为基础；四是人才管理如何从经营"事"走向经营"人"；五是绩效管理如何从"业绩管理"走向"三力系统"；六是文化管理如何从价值观的确立走向价值观的更新。以下为本书主要章节的内容概要。

一、人事管理：从"人事分离"走向"人事合一"

本书第一章第一节"人事管理者要确立'人事合一'理念"针对的是人事部门的管理者在工作中的误区及通病。一些人事部门的管理者认为，我是管人的，因而注意力在"人"而不在"事"，对于公司所做的事、各部门所做的事、各岗位所做的事只有粗浅的认识，缺乏深入细致的了解和分析，导致管人的工作脱离了人所做的事，这就是一种"人事分离"。针对这种倾向，文中积极倡导，人事工作者在管人的过程中，必须坚持"人事合一"，无论是人才选聘、人才培养还是绩效管理、薪酬管理，都不能脱离人所做的事，都必须心中有"事"。

第一章第二节"非人事管理者也要确立'人事合一'理念"则指出，非人事部门的管理者注意力在"事"而不在"人"，对于"用人"只有粗浅的认识而缺乏深入细致的思考，不能做到"善用人"，导致"成事"脱离了"善用人"，这也是一种"人事分离"。文中指出，对于非人事部门的管理者而言，"人事合一"就是要将"成事"和"善用人"结合起来。非人事部门的管理者不论想成就何种事业，都必须心中有"人"，必须"善用人"，必须善于引进人才、培养人才、激励人才。

二、人事管理者：从"六项胜任力"走向"九项胜任力"

本书第二章中的"以'新型胜任力'为基础，建立HR职业评价新体系"和"如何打造高效的HR部门"是对美国密歇根大学商业管理教授戴维·尤里奇和他的助手们先后提出的"新型胜任力"的解读。

第一节"以'新型胜任力'为基础，建立HR职业资格评价新体系"指出，现有人力资源管理职业资格评价体系只注重人力资源管理领域本身的六项基本技能，而对人力资源管理与商业模式、公司战略、企业文化、企业家风格之间的关系未给予充分的重视，因而难以牵引资格获得者在职业发展的道路上比别人走得更快。针对现有评价体系的局限性，文中提出，要以"新型胜任力"为基础，建立 HR 职业资格评价新体系，并具体分析了"新型胜任力"的基本内涵、层次划分、评价标准及认证方法，构建了一个 HR 职业资格评价新体系的框架。本节内容原是提供给人力资源高峰论坛的一篇论文，该文获得第四届中国人力资源管理大奖的"成果金奖"，并收入《第四届中国人力资源管理大奖文集》。

第二节"如何打造一个高效的 HR 部门"针对的问题是：人事部门管理者对于如何做好人事工作普遍比较关注，而对于自身的建设，对于如何打造一个高效的 HR 部门，则关注度不够，少有进行深入的思考。正是针对这种情况，本节对戴维·尤里奇教授在 2015 第二届中欧人力资源高峰论坛上所做的第七轮全球人力资源胜任力调研报告中的相关论述进行解读，主要内容包括确立 HR 的愿景、使命；建立 HR 构架及管理机制；建立 HR 部门本身的人员管理系统；建立 HR 人才的胜任力标准及提升途径；建立 HR 工作表现的评价体系。文中对从"六项胜任力"到"九项胜任力"的演变和两者之间的不同点进行了分析。

三、人事管理变革：从以岗位为基础走向以胜任力为基础

本书第三章第一节"构建以胜任力为基础的人力资源管理新体系"原为在深圳大学管理学院与《管理世界》杂志社共同举办的一个管理论坛上的发言稿，后被收入《管理世界》杂志社出版的专辑。本节提出，构建以胜任力为基础的人力资源管理新体系是人力资源管理领域的一场变革。贝特瑞公司为适应公司战略发展的要求，在这方面做了有益的尝试。本节从实战的角度介绍了贝特瑞公司构建新体系的指导思想、过程方法、运行成效及优化改进的情况，对相关企业或其他组织构建人力资源管理新体系具有一定的推动作用和借鉴作用。

第三章第二节"《胜任力管理手册》的编写"介绍了该手册编写的目的、方法及主要内容。其目的是提供一个胜任力标准体系和一个基于胜任力的人力资源管理新体系，推动人力资源管理的全面升级。胜任力标准体系的设计方法，首先是进行岗位序列划分，其次是选择胜任力模式，再依据胜任力模式对一个组织的

核心胜任力要素、通用胜任力要素和专业胜任力要素进行确认。胜任力管理制度的编写方法，则是在原有制度的基础上导入新的元素，实现人力资源管理的全面升级。手册的内容包括"胜任力标准体系"和"胜任力管理制度"两个部分。构建以胜任力为基础的人力资源管理新体系，第一步工作是编写《胜任力管理手册》，第二步工作是在开展人才选用、人才培养、人才激励等各项人事管理工作中活用这本手册，比如说，应用于人员招聘和干部选拔；应用于资格认证和职称评审；应用于双轨制绩效管理；应用于薪酬的确定与调整等。由此可见，手册的编写是一个重要的课题。

四、人才管理：从经营"事"走向经营"人"

本书第四章第一节"学习曾国藩、韦尔奇，提升经营'人'的能力"，原是2006年在海峡两岸人力资源管理峰会上的书面发言稿。本节针对中国一些企业用人机制存在的问题指出，就一个组织而言，拥有人才是重要的，而建立良好的用人机制显得更为重要。而建立良好用人机制的关键就在于提升领导者的用人能力，或者说提升领导者经营"人"的能力。在提升经营"人"的能力方面，曾国藩和韦尔奇是值得我们学习的。他们两人，一位是古人，一位是洋人，但都是经营"人"的大师级人物。综观曾国藩、韦尔奇经营"人"的经验，有许多值得各级经营管理者借鉴之处，比如说，他们都强调，办大事者必须把经营"人"作为自己的第一要务，只有善用天下人的心智和能力，才能成就一番大事业；都善于利用各种场所，通过各种方式去了解属员的性情、心术，使各地的名流贤士为我所用；都讲求用才"适宜"，从而使平凡之才也可以产生神奇的效果；都十分注重人才的培养成长，认为人才就好像庄稼一样，长官的"教诲"如同耕种培土，"鉴别"如同剔除杂草，"举荐"如同引水灌溉，"提拔"如同甘露按时而降，庄稼即会迅速成长。

第四章第三节"总经理的角色要求及选用"提出，如何选对总经理，这是企业人事工作中的一个重点问题和难点问题。针对这一问题，本节将总经理的角色要求概括为"懂经营""善管理""能总揽全局"，并对这三条基本要求的行为标准进行了具体描述。文中还依据总经理的角色要求，对总经理的选聘、培训和使用提出了一些可供参考的操作方法。本节内容原为提交人力资源峰会的论文，获"第二届中国人力资源大奖——成果银奖"。并收入《第二届中国人力资源管理大奖文集》。

第四章第四节"谈企业经理外逃事件的原因与对策"针对深圳特区在改革开放的过程中出现的经理携款外逃事件，提出必须正确地认识和处理好增强企业活力和健全企业制约机制的关系，在强调放权搞活企业的同时，千万不要忽视健全企业的约束机制，千万不要放松对经理的管理制约。在对H、J两公司的经理外逃情况进行深入调查的基础上，文中对问题的严重性、问题产生的根源及解决问题的办法做了初步的探讨。本节内容原是提供给中组部研究室的一篇调查报告，后被中组部研究室摘要刊登在《组工通讯》增刊上。

五、绩效管理：从"业绩管理"走向"三力系统"

第五章第一节"创立'三力系统'，推动企业又好又快发展"介绍了宝安集团绩效管理的创新经验，内容包括"三力系统"提出的背景、基本思路、主要内容、实施效果及进一步优化的思考。本节内容原是在第三届中国人力资源管理峰会上的演讲稿，清华大学的张德教授对这次演讲做了点评。该项目获第三届中国人力资源管理大奖成果金奖，该文收入《第三届中国人力资源大奖文集》。随后，作为经验推广，又在民建中央和国家工信部、陕西省政府联合举办的非公经济发展论坛上做了一次演讲，获得好评。

六、文化管理：从价值观的确立走向价值观的更新

本书第六章第一节"价值观的关键点"原是2003年在澳门召开的"第三十届亚洲培训总会管理及人力资源发展国际会议"上的演讲稿。本节针对"在大多数企业里，实际的企业文化同公司希望形成的企业文化出入很大"的问题，提出

> "人事合一"与"胜任力管理"
> 来自实践的新理念、新方法

价值观建设的关键点在于：价值观的提出，源于企业家独特的价值追求及战略思考；价值观的推广，靠企业家的大力倡导及强硬的制度化措施。

本书"附录"的内容是本人在企业工作期间主持编写的一些操作文本，其中的《组织管理手册》因内容较多，只摘录了部分内容。

因学识与经验所限，书中肯定有不妥之处，敬请读者批评指正。

张育新

二〇一七年六月于深圳

CHAPTER1
第一章

人事管理：从"人事分离"走向"人事合一"

"人事合一"与"胜任力管理"
来自实践的新理念、新方法

第一节 人事管理者要确立"人事合一"理念

古人云:"成事在人","因人成事","善用人者能成事,能成事者善用人"。可见,古人在讲成事时,总是自然而然地想到人,而在讲用人时,总是自然而然地想到事。在他们的理念中,"人"与"事"是不分离的,是合一的,也许,这就是"人事"一词的由来。因此,我们不妨把这种观念称为"人事合一"论。

据史书记载,刘邦登上皇位后,在述其战胜项羽的经验时说:"夫运筹帷幄之中,决胜千里之外,吾不如子房;镇国家,抚百姓,给饷馈,不绝粮道,吾不如萧何;连百万之众,战必胜,攻必克,吾不如韩信。三者皆人杰,吾能用之,此吾所以取天下者也。"这段话为"善用人者能成事,能成事者善用人"提供了一个绝妙的案例。刘邦善用人杰,因而能取得天下。刘邦的目的是取得天下,为了这个目的,他善用人才。首先,表现在人才规划上。他很清楚,夺取天下,必须有人善战略谋划,有人善带兵打仗,有人善后勤保障。只有组建这样一个团队,才能保证事业的成功。其次,表现在人才识别上。他很懂得识别人才,用人所长,优势互补。子房善谋划,就让他负责制定军事策略;韩信善带兵,就让他负责带兵打仗;萧何善治理,就让他负责后勤保障。再次,表现在人才激励上。他给予这些人杰相应的职务、权力和利益。正是因为他善用这些人杰,因而最终取得天下。而项羽自以为是,自认为是力能拔山的盖世英雄,听不进别人的意见,即使身边有范增这样的人杰也不善用,因而最终只能自刎乌江、霸王别姬。

改革开放后,随着西方人力资源管理理论的引入,很多单位人事部门的名称发生了变化,把"人事部"改为"人力资源部"。人事部门的工作内容也发生了变化。过去,人事部门只是承担人事管理中的一些事务性的工作,比如办理人员录用、干部选拔、薪酬调整、档案管理等一些相关事务。而人力资源部则把人当作一种重要的资源来管理,并把人力资源管理进一步细分为规划、选用、培训、绩效、薪酬、员工关系等六个模块。然而，人力资源部在运行中也出现了一些新的问题，一些人力资源工作者在认识上存在一种误区。他们认为，我是管人的，因而注意力在"人"而不在"事"，对公司所做的事、各部门所做的事、各岗位所做的事只有粗浅的认识，而缺乏深入细致的了解和分析，导致"管人"的工作（人才引进、培养、激励等）脱离了"人所做的事"，这就是一种"人事分离"。

因此，为了纠正这种误区及通病，提升人事工作的效能，我们积极倡导人事工作者在管人的过程中，必须坚持"人事合一"，无论是人才选聘、人才培训还是绩效管理、薪酬管理，都不能脱离人所做的"事"，都要做到心中有"事"。否则，对人的选聘会选错人；对人的培训会选错培训的内容与方式；对人的考核会选错考核的项目与指标；对人的薪酬的确定，也会选错薪酬的级别与档次。

为了坚持"人事合一"，我们在观念及方法上必须有一番改变。

一、"成事"是"用人"的目的，各种"用人"手段的运用都必须心中"有事"

不论是企业单位，还是机关、事业单位，"用人"的目的都是为了"成事"。企业为了经营业绩，机关为了行政业绩，事业单位为了公共服务业绩。

我们可以把人力资源管理工作细分为六个模块，但是，我们必须清醒地认识到，这六个模块，都是用人的手段，这些手段的运用，目的都是为了成事。因此，我们在做这六个模块的工作时，都必须心中有"事"，要围绕着成"事"来做这些工作。脱离了特定的"事"来做这些工作，我们的人力资源工作就会失去方向和目标。

就企业的人事工作而论，我们做公司人力资源规划，心中必须有"事"，这个事就是公司的发展战略和经营计划。我们做公司的人才选聘工作，心中必须有"事"，这个"事"就是特定岗位的岗位职责及其必须具备的关键胜任力要素。我们做人才培训工作，心中必须有"事"，这个"事"就是培训对象所做的事及其胜任力的不足。我们做人的绩效考核工作，心中必须有"事"，这个事就是岗

"人事合一"与"胜任力管理"
来自实践的新理念、新方法

位的职责及当年应该完成的绩效任务。我们确定人的薪酬，心中必须有"事"，这个事就是员工所做的事及其为公司创造的价值。

也许有人会提出，我们人事部门要面对公司领导，面对那么多部门，那么多员工，我们哪能知道上上下下、方方面面那么多的事。其实，这个问题也是可以解决的。第一，人事部门也有分工，你分工负责哪一方面的人事工作，你就负责了解这一方面人事工作相关的事。第二，你平时可能了解得不是那么深入，而一旦需要，你可以向相关人员深入了解。第三，也可和他们共同合作。你有这方面的思维技巧，他们有这方面的思维材料，加强人力资源部门和各领域用人单位的合作，就可以解决"人事合一"的问题，就可能提升人力资源管理工作的效能。

华为人事部门的工作人员每年一次分别到各个用人部门进行回访，一方面了解他们做事的情况，一方面倾听他们对人事工作的要求，就是解决"人事合一"问题的一种很好的方式。

我在某上市公司当顾问期间，亲历了这么一件事。该公司的营销、研发部门设在深圳，而生产基地设在贵州遵义市。其运营的基本流程是销售部和客户签订销售合同，与此同时，市场项目部与客户签订技术协议书，技术中心提供技术支持。在此基础上形成生产命令单，下达给生产部、工程部、品质管理部、采购部、物料部等相关部门。生产出产品后放进成品仓库，再发给客户。在这个过程中，发生了一个问题：深圳本部的技术中心对产品及技术进行了变更，并提出了切换的时间点，而遵义工厂的备料仍按原来的产品技术要求进行采购，导致储存的物料多出了200套磁钢，每套磁钢的价格为7000多元人民币，共计损失约140万元，公司领导将这件事交给人力资源部处理。人力资源部经理一开始感到很为难，难就难在对各相关部门所做的事和产品技术变更的相关规定只有粗浅的认识，缺乏深入了解，因而难以判断相关部门及相关人员应承担的责任，并做出相应的处理。经商量后，我们采用了以下办法来解决这个问题：一是搜集这个问题的相关资料，包括公司在产品技术变更方面的相关规定，各个相关部门对这个问题所提供的说明材料；二是找相关部门的相关人员进行面对面的沟通，深入了解他们在这个过程中所做的事及所出现的问题，从而明确了各个相关部门和相关人员应该承担的责任和应该受到的处罚。其中，技术中心的责任在于没有按规定发出变更通知，明确变更的方案和变更的时间点，而是模糊地提出"以物料的存量定切换的时间点"，而其列明的物料（铁芯）的存量又是不准确的，供应商的实际存量只有192个，列出的数量却是351个，深圳库存的50个因规格质量问题不能用，却仍然列上去，导致铁芯存量的数据多了209个，而遵义工厂正是依据这个不准确的数据配套采购磁钢的。深圳公司物料部门的责任在于对供应商库存的数量统计不准确，供应商库存只有192个，他们却错报为351个。深圳公司采购部门、品管部门的责任在于采购储存在材料仓库的50个铁芯不合格，不能用。遵义工厂的责任在于超越技术中心提供的物料存量的数据进行配套采购。技术中心提供的铁芯存量共有456个，遵义工厂磁钢的配套采购量却是500套，多采购了44套。分清了责任，自然也就可以加以相应的处罚，有的责令提出整改方案，有的通报批评，有的扣发奖金。

在处理这一事件的过程中，该公司人力资源部对坚持"人事合一"的理念有了深刻的领会。他们认识到，要做好各个模块的人事工作，必须既见人也见事，如若对各部门各岗位所做的事认识不清，人的工作不可能做好。

二、人才选聘必须心中有"事"

人才选聘必须心中有"事"，这个"事"就是岗位所做的事及其需具备的关键胜任力要素。

在选人的问题上，人事部门的从业者也都知道要"人事匹配"，但由于对所选的人所要做的事及其需具备的关键条件缺乏了解和分析，也就导致所选的人脱离了人所做的事。

我在接触的公司了解到一件事。这家公司的基础研究中心面临一个问题——焦材料的改进。为了解决这个问题，部门经理填写了招聘申请单，要求招聘一位熟悉焦材料的化工人才。人力部门的招聘经理根据这张申请单的要求及推荐的

"人事合一"与"胜任力管理"
来自实践的新理念、新方法

一些人选到煤系化工的一些高校和研究机构选聘人才。而当他们经过考核面试，提出初步人选报测试应用中心的总监时，却遭到中心总监的否定。总监提出，根据中心正在开展的焦材料改进的要求，要招的是油系化工人才，而不是煤系化工人才，因而重新修改了招聘要求。这件事虽然不能全怪人力部门的招聘经理，但也说明我们的招聘经理对招聘岗位所做的事及所需具备的关键胜任力要素了解不深，标准模糊，才导致了这个错误的出现。

还有一个例子，这家企业选用一位营销总监，只从有关资料中了解企业的营销总监是做什么事的，需具备什么条件，而没有对本企业的营销总监这个特定的岗位要做的特定的事进行深入的了解和分析，因而招来的人匹配不精准。这家企业为提升营销水平，从外部空降一位营销总监。就营销业务的管理能力而言，这位总监是具备的。然而，就营销团队的管理能力而言，这位总监又显得力不从心，只好提出辞职。究其原因，行业不同、企业的发展阶段不同，营销总监面临的挑战和要解决的问题也不同，因而对同一岗位的人才要求就有所不同，这就好比治各种病有各种通用的方子，而具体到治某个人的病，就得根据这个人的特殊情况，对通用方子用药的品种及分量有所加减，才能真正做到对症下药，疗效显著。根据这家企业的实际情况，要提升营销水平，除了要优化客户开发模式，改单兵作战为团队作战之外，更重要的是要解决营销队伍的管理问题。也就是说，任职者需要同时具备管事的能力和管人的能力，缺一不可。

上列事实说明，人才选聘必须心中有"事"。首先必须明确特定岗位在特定时期所需做的"事"，所要解决的问题，所需面对的事件和人物；其次，要根据所做的事，确定该岗位的关键胜任力要素，包括：核心要素、通用要素和专业要素；第三要设计结构化面试表，通过面试等方式，收集应聘人员相关信息，并根据相关表现对应聘人员是否具备该岗位做事所必备的关键胜任力要素逐项评分；第四要按照各个应聘对象的综合得分排序，择优录用。

第一章
人事管理：从"人事分离"走向"人事合一"

三、人才培养必须心中有"事"

人才培养必须心中有"事"，这个"事"就是岗位所做的事及胜任力的不足。尽管选人时已经考虑岗位所做的事及需具备的关键胜任力要素，但是，选进来的人在做事的过程中还是会出现绩效上的落差和能力上的不足。另外，随着公司的业务发展和个人的职业发展，选进来的人，未来可能要担任新的或更高级别的职务，要做更加复杂的事，这会出现胜任力的不足。人才培养的主要目的，就是要根据岗位做事的要求，弥补这种胜任力的不足。

人事部门负责培训工作的人员，一般也都会制订各种人的培训规划、培训方案，如新员工入职培训、中高层管理者培训、决策层培训等。然而，在培训内容或方式的选择上，也会出现"人事分离"。即人事培训的内容与方式脱离了该层次所做的事及胜任力的不足。比如说，对中高层管理者的培训，标杆企业采用什么样的内容和方式，我们也采用什么样的内容和方式。而没有从公司的实际出发，真正弄清楚公司中高层所做的事及需具备的关键胜任力要素，也没有搞清楚这一层级的管理者在做事的过程中表现出来的优势与不足，因此，虽然投入不少费用，其结果可能事倍功半。有这么一家企业，为提高中高层管理能力，与中山大学管理学院联合举办 MBA 课程班，开设十门课程，每人学费约为 5 万元人民币，60多人参加，总费用 300 多万元人民币。最终实际效果如何？能对企业发展带来多少价值？很值得怀疑。我们可以想象一下，这 60 多个人，由于岗位的层级不一样，类别也不一样，他们所做的事是不一样的。从胜任力考核和资格认证的结果看，他们的胜任力不足也是不一样的。两个"不一样"的人去学一样的课程，效果会好吗？

还有一个事例。这家企业听说一些企业组织游学，效果不错。因此也组织了一次游学，带着公司的班子成员和各中心的总监，到杭州听了某校一名教授的一堂课，参观了两家企业，一家国内的企业，一家韩国的企业。他们回来后，我问了几个人，到底效果如何？一位说，听了课，接受了一些新理念。我问能否运用到本公司的实际工作中来，他说，还没考虑过。带队的人说，这次游学，加强了高级管理人员的情感联络，也接触了一些新的观念。比如说，课堂上的老师对木桶理论做了新解，提出在管理上不要去强化"短板"，而是要强化"长板中的短板"。学员们对此还热议了一番。我进一步问，就本公司的实际情况而言，哪些方面是属于"长板中的短板"？这时，他就回答不上来了。其实，长板和短板都是相对而言，"长板中的短板"也是短板，只不过变换个说法而已。要区分出哪些是长板，哪些是短板，还是比较容易的，而要区别出哪些是"长板中的短板"还真不容易。因为，对于这种"长板中的短板"，你可以说它是"长板"，也可以说它是"短板"。至于高级管理人员之间的情感联络，通过游学的方式可以得到加强，不通过游学的方式也可以得到加强。因此，从实际成效来说，这次游学并没有为解决公司面临的某一个或某一些实际问题带来价值，也不能说是一次成功的游学。

综上所述说明，为了提升人才培养的成效，必须心中有事，必须充分考虑各岗位所做的事及其胜任力的不足。为达此目的，可采用如下措施：一是通过绩效考核（业绩考核、胜任力考核）和资格认证、职称评定等方式，确认某个层面的普遍性弱项和各个管理者的特定弱项；二是针对整个层面的弱项制定整体性的开发计划，选择相应的培训内容和培训方式；三是针对个别管理者的特定弱项，可指定内部教练进行辅导，也可外派参加相关的知识、技能培训；四是对培训结果进行评估，并给予相应的奖励或处罚。

四、绩效管理必须心中有"事"

绩效管理必须心中有"事"，这个"事"就是岗位的职责及当年应该完成的绩效任务。现实中存在的问题是，人事工作者对各岗位所承担的职责及年度应完成的绩效任务缺乏深入了解，认识模糊不清，因而在制订岗位职责和岗位绩效书时也会出现"人事分离"，即岗位职责和岗位绩效书的内容脱离了人所做的"事"。有这么一家公司，为明确管理团队各成员的职责及绩效要求，强化对各成员的绩

第一章
人事管理：从"人事分离"走向"人事合一"

效考核，要求公司的人力资源中心参照公司已有的《四定工作手册》，明确界定各成员的岗位职责，并优化各成员的绩效责任书。然而，由于负责这一工作的只是人力资源中心的一位主管，他只了解各成员分管或主管的领域，而对于他们在各个领域所具体承担的事则模糊不清，因此，他把各成员所分管的部门的主要工作相加，作为某成员的工作职责，并以此为基础确定其绩效考核的项目和指标。这显然是不妥的。其实，某成员在他所分管的领域中，他承担的并不是包揽这些领域的所有工作，这些工作是该系统的成员共同负担的，他作为分管领导所承担的，只是这个领域工作的规划、组织、指导、监督、评价等领导工作。如，作为一个营销副总，其工作职责并不是市场部、销售部、商务部三个部门工作的累加，而是负责构建高效的营销管理体系；制定公司营销系统的战略实施计划；对公司年度销售目标进行设立与分解，并制定具体的执行计划；处理、解决公司营销工作中的重大问题；带领营销系统的员工共同完成公司营销系统的各项绩效指标；制定公司品牌建设的目标、策略及行动方案，并监督实施；完成董事长、总经理交办的其他工作。只有明确这个岗位所做的事，才能界定这位营销副总的绩效项目及绩效指标。这位人事部门主管之所以出现上述错误，主要因为他还没有达到这一级别，不知道这一级岗位主要做什么，他也未曾向这级岗位的人做深入了解，因此出现失误。可见，界定岗位职责及绩效项目、绩效指标，必须对各岗位所做的事有较深入的了解，否则就会出错。

我还接触到这么一家企业，负责精益管理项目的老师在界定2017年各部门的绩效考核指标时，为人力资源部确定了这么三项指标：一是招聘及时率达到93%；二是员工满意度达到73分；三是人事建议收益达到20万元人民币。我一看就产生了一个疑问，难道这就是衡量人力部门工作好坏的主要指标？我认为，提出这三项指标的精益管理老师对人力资源部门及经理所承担的职责及当年应完成的任务并不熟悉。评价人事部门或人事经理的工作表现，第一层面是要看其履行职能的情况，看其建立起的人才引进、人才培养、人才激励三个系统能否高效运行。第二层面是要看其人才队伍建设的情况，衡量指标除了招聘及时率外，还有关键岗位的人才储备率、流失率等指标。第三层面是看其人事效能的发挥，衡量指标表现为一种"人力资源的投入产出"，如劳动生产率人均创利率等。假如说，要从中选择三项主要指标的话，首先是人均创利率，其二是关键岗位的流失率，其三才是招聘的及时率。而员工的满意度虽然也重要，但已体现在关键岗位的流失率这个指标上。关键岗位的流失率高，说明员工的满意度低，而关键员工的流失率低，则说明员工的满意度高。而人事建议收益不宜作为主要指标。人事工作的优势最主要的还是看效能，而不是看这20万元人民币的收益。而且，如何来衡量一项人事建议的货币价值，还是很难操作的。比如说，在人员配置上，在薪酬水平或福利水平的确定上，人事部门都可以提出建议，从而节省人力费用，产生收益，然而，如何衡量这些建议的合理性，如何计算其产生的收益，就不是一个简单的问题。

综上可见，绩效管理必须心中有"事"。只有对各岗位承担的职责、职能及年度公司的绩效任务有深入的了解，才能合理界定各岗位的绩效指标，并以这一合理指标作为评价的标准，进行绩效跟踪、绩效考核，并运用考核结果对员工进行奖惩。

五、薪酬管理必须心中有"事"

薪酬管理必须心中有事，这个事就是岗位所做的事及其为公司带来的价值。现实问题是，在定薪的过程中，人事部门的薪酬管理人员对各职能管理部门的人员所做的"事"和所创造的"价值"相对比较清楚，而对研发部门和营销部门人员所做的"事"和所创造的"价值"却不是那么清楚，或者说是只了解个大概，对具体情况则不了解。因而他们在确定这些人员的工资或奖金时，就可能出现"人事分离"，即给他们确定的工资或奖金脱离了他们所做的事及所带来的价值。如，某公司的薪酬体系分为六类：管理类人员薪酬体系、营销类人员薪酬体系、专业类人员薪酬体系、技术类人员薪酬体系、技能类人员薪酬体系、事务类人员薪酬体系。其中，研发技术类人员一年的奖金有几百万，销售类人员一年的提成也有

第一章
人事管理：从"人事分离"走向"人事合一"

几百万。这些都是由公司的相关部门提出来，经公司领导审批后实施的。从实施后的反应来看，研发、营销部门的人员认为自己拿少了。因为他们通过外比，发现有不少公司的同类人员比自己拿得还多。而公司内其他部门的人员则认为他们拿多了，公司的分配不公平。因为他们通过内比，发现这两个部门的人员比其他部门的同级人员的年收入大体超出一倍以上。这两个部门的人员，他们的薪酬究竟是多了还是少了？人事部门也说不清楚。原因是对他们所做的"事"了解不深，对他们所创造的"价值"也缺乏评估的标准和方法。

  这家企业还试行了核心员工持股制度。中心总监以上的管理人员可以持有数量不等的公司股权，工程师级以上的技术人员也可以持有数额不等的公司股权。对此，公司职能部门的经理持有不同的看法。他们认为，一般的工程师都可以持有股权，而职能部门的经理却不可以持有股权，过分地重视技术的价值，也过分地轻视了管理的价值，这是不合理的。任正非就认为，在某种意义上讲，管理的价值甚至比技术还大。因为技术的价值影响的是一个项目的技术水平，而管理的价值影响的是各种资源、各种力量的整合，是整个项目、整个公司的成败。

  有一个新能源汽车驱动系统制造企业，在新能源汽车呈井喷式发展的2015年，创造了极佳业绩，利润一下子从原来的七八百万元上升为六千多万元。因而上级控股集团在下达2016年绩效指标时，给他们下达的利润指标超过一个亿，而2016年因为政策的变动和部分汽车企业的骗保事件，整个行业的趋势不是继续向上，而是呈下跌趋势。结果，这家企业尽管年终结算还有五千万的利润，但距下达的指标有比较大的差距，绩效考核只有73分。结果，按集团相关规定，2015年每个员工有相当于两个月工资的奖金，而2016年则一分钱年终奖也拿不到。对此，相当多的员工心里不服，因为虽未能完成绩效指标，毕竟为集团创造了几千万的利润，而且是在行业趋势发生重大变化的情况下。这件事给我们提出了一个问题，员工的年终奖是发还是不发，发多还是发少，依据的是他们创造的价值还是公司的一个分数？年终奖毕竟也是员工薪酬的一部分。本人认为，在奖金的问题上，重分数而轻价值是不合理的。我们想象有两家企业，一家指标定一亿多，结果虽然创造了五千万利润却因得低分而未能获得奖金，一家指标只定五百万，结果完成了指标获得高分，而每个员工多发相当于两个月工资的奖金。这样的结果合理吗？

综上所述说明，我们在做薪酬管理工作时，必须心中有"事"，这个"事"就是员工做的事及其所创造的价值。在评估员工所创造的价值时，要进行外比和内比，外比要和同地区、同行业、同工作岗位的人的年收入水平相比。不通过外比，并采用相应的薪酬策略，无法吸引、留住人才。而不通过内比，不适当平衡内部不同类人员的收入差距，则会失去内部的公平性，影响其他人员的积极性，影响整部机器的协调运作。而在确定奖金分配时，要对他们所创造的"价值"进行合理评估，找出衡量其"价值"的标准及方法。例如，衡量营销人员价值的标准也许涉及开发的客户数、导入的产品数、获得的订单数等；衡量研发人员价值的标准也许涉及参与研发的项目数、带来的商业价值等。具体如何衡量，要根据企业的实际情况，选择不同的评价方式。

总而言之，为提升人事工作的效能，人事部门的管理者在管人的过程中，要坚持"人事合一"的理念。无论是人才选聘、人才培养还是绩效管理、薪酬管理，都不能脱离人所做的事，都要心中有"事"，这样才能避免"人事分离"，提升人事管理工作的效能。

第二节 非人事管理者也要确立"人事合一"理念

非人事部门的管理者在工作中也存在一种"人事分离"的误区和通病。他们认为，我是管事的，因而注意力在"事"而不在"人"，对于"用人"只有粗浅的认识而缺乏深入细致的思考，不能做到"善用人"，导致"成事"脱离了"善用人"，这也是一种"人事分离"。由于他们一心想着成事，却不善于用人，不善于引进人才，不善于培养人才，不善于激励人才，其结果是所想之事也难以达成。

正是针对这种"人事分离"的误区和通病，我们积极倡导非人事部门的管理者也要确立"人事合一"的观念,要将"成事"和"善用人"结合起来。非人事部门的管理者不论想成就何种事业,都必须心中有"人",必须"善用人",必须善于引进人才、培养人才、激励人才。

一、心中有"人",善于引进人才

一个企业的管理者,为了事业的成功,都会想到引进人才,问题在于能不能做到"善于引进人才"。有一些企业的领导者,他们在搭建管理团队、引进人才的时候,首先考虑的是关系的亲疏,地位的稳固,而不是优势的互补,合力的发挥。也就是,他们首先考虑的是个人的地位和利益,而不是整个组织的事业,这样的人才引进脱离了组织成事的目标。从组织的角度来讲,你能说他是善于引进人才吗?

这样的企业,不单在引进人才时是按照关系的亲疏,当团队成员之间出现某种矛盾或冲突时,在处理上也是按关系的亲疏处理的。尽管在矛盾冲突的过程中,关系亲近的一方并不占理,处理结果还是护着他。正因为这种潜在文化的存在,关系不那么亲近的团队成员只有两种选择,一种是有不同意见也不提,避免发生矛盾冲突;一种是辞职不干,也避免了矛盾冲突。这两种情况其实都不利于组织事业的成功。

有一个高新技术企业,为了成为所在领域的全球领导企业,很注重技术人才的引进,每年投入很多人力物力到校园招聘专业技术人才,一招就是几十个应届毕业生,其中有博士、硕士,也有本科生。应该肯定,这是引进人才的一条途径,但是,还有更重要的一条人才引进途径没有得到应有的重视,那就是到国际上去挖掘那些顶尖的技术人才。因为目前这个领域的技术优势主要掌控在日、韩、美等国家的高级专家手中。我们如不能引进这个领域的世界级顶尖人才,怎么能坐上全球领导企业的宝座?可见,这个企业在"善于引进人才"方面,也还有提升的空间。

我还接触到这样一个实际的例子。某公司一位研发部门的总监,尽管也参与

"人事合一"与"胜任力管理"
来自实践的新理念、新方法

了人力资源部门的一场招聘工作,但她始终认为这不是她应该承担的一部分工作。她在与人力部门的信息交流中明确地表示,她是花了时间在"做本该其他部门负责的工作"。很明显,在她的观念中,招聘工作是人事部门的工作,尽管招的是本部门需要的人才,那也是人事部门的责任,自己没有责任,自己参与招聘是在帮人事部门做工作。这种观念明显不妥,其一,作为管理者本来就承担有人事工作职能;其二,参与招聘的是你所在部门需要的人才,与其说是你在帮人事部门工作,不如说是人事部门在帮你工作;其三,对于你要招的人才而言,你熟悉这个领域的人才分布情况,你更了解到哪里去招,通过什么渠道去接触这些人,通过什么方式去吸引这些人,因而能更快更准地找到所需要的人才,人力部门也会很好地给予配合、辅助,这有什么不好的呢?

总之,作为非人事部门的管理者,特别是领导者,为了使"成事"与"善用人"结合起来,首先是要做到心中有"人",善于引进成事所需要的各类人才,特别是高级的管理人才和顶尖的技术创新人才。

二、心中有"人",善于培养人才

非人事部门的管理者"善用人"不仅表现在善于引进人才,还表现在善于培养人才。美国通用电气公司的杰克·韦尔奇就特别注重人才的培养,特别是接班人的培养。在他退休前七八年就开始物色多个继任人选,每年定期组织专门小组对继任人选进行考评和指导。由于通用电气公司善于培养接班人,最终留下来的三位候选人都有资格成为通用公司的首席执行官,因名额有限,只能从三人中选择一人留任,其余两人,则让他们到别的公司去当首席执行官。反观国内企业的一些管理者,善于培养人才特别是培养接班人的,还真的不多,相当一部分家族企业,第一代创业者即将退休时,第二代接班人并没有培养出来。因此,有富不过三代的,也有富不过二代的。

一些企业的高中层管理者,如各中心的总监,各部门的经理,心中有"人",善于培养人才的也不多。就近几年在一些企业开展胜任力考核和资格认证的结果

第一章
人事管理：从"人事分离"走向"人事合一"

来看，"培养人才"是管理者通用胜任力要素的重点要素之一，而恰恰是对这个重点要素的评价，多数的得分在四分以下，这个要素的平均分低于监控能力、关系建立等其他要素的平均分。

在实际接触中，我们也经常遇到这么一些中高层管理者，对下属的工作不满意时，宁可把下属的工作接过来自己干，也不愿意花时间精力培养下属，使其能尽快提升能力，独立操作。他们认为，自己做比教下属做来得快、省时间。他们没有认识到，培养下属，给下属当教练是自己应尽的责任。而且，教会了下属，以后可以为自己分担好多工作上的压力，自己可以腾出时间，做更重要的管理方面的工作。下属做不好就把工作接过来的习惯，最终可能把自己累垮。我见过一位部门经理就因习惯于这种方式，结果又累又难看，领导对他的工作也不满意，加工资时别的部门经理都加了，就不给他加工资，最终只能离职。

这说明，非人事部门的管理者为了使"成事"与"善用人"结合起来，还必须做到心中有"人"，善于培养人才，不单要培养好继任者，还要为下属当好教练，帮助下属快速成长。帮助下属成长其实也是在帮助自己成长。

三、心中有"人"，善于激励人才

非人事部门的管理者"善用人"不仅表现在人才引进和人才培养上，更重要的是表现在人才激励上，"人才激励"可以说是人事管理工作的一个永恒的主题，核心的主题。

我在两家企业担任顾问期间，直接听到公司领导人对员工的怨言。一家企业的董事长在会上公开提出，"为什么工程部的管理者不能为公司多负点责任？为什么机器一出故障就申请花几万元购买新机器，而不是想办法把机器修理好？"另一家企业的总经理也在会上提出，"为什么我们的各级管理人员遇事不是主动解决，而是等待上级的指示？为什么他们在有关事项的审批表上只签一个名，而不表明具体意见？原因就是不想承担责任。"为什么我们的员工，包括一部分中高层的管理者不能像企业的董事长、总经理那样，对公司充满激情呢？也许这其

"人事合一"与"胜任力管理"
来自实践的新理念、新方法

中有一个重要的原因,除了上级集团控股之外,董事长、总经理占有最大的股权,而多数员工只是一个打工者,靠打一个月的工,挣一个月的工资,公司不购买新机器省下来的钱和他并没有什么关系。既然没有什么关系,他何必动那么多脑筋为公司节省成本费用呢?这里提出了一个企业经营者普遍关心的问题:究竟如何才能充分激发员工的责任感和工作热情?

在中国的民营企业中,这两家企业的管理者对待员工已经很不错了,不单给了比较高的工资、福利,还以低于市场的价格,让部分核心员工持有公司的股权,甚至还给少数核心技术骨干配车配房。

有一些民营企业的管理者在人才激励方面的确做得很差。在物质上,他们为了自己能多挣点钱,总是千方百计地压低员工的薪酬、福利。在精神上,他们也不考虑员工的感受,工作做得好得不到表扬、奖励,而一旦出了差错,得到的就是一顿臭骂,甚至还要扣发工资和奖金。这样的雇主只能做点小生意,绝对成就不了大事业,只要有点本事的员工,肯定一有机会就跳槽,而不会很坚定地走到底。

在人才激励方面,日本稻盛和夫的经验是值得借鉴的,就看我们的企业家有没有他那样的胸怀。稻盛和夫在经营京瓷之初,也出现过劳资的矛盾和纠纷。经过三天三夜的谈判和数星期的苦思冥想之后,终于想明白了:"虽然起初我是为了实现一个技术人员的梦想而创办了公司,但是一旦公司成立以后,员工们是将自己的一生都托付给公司。所以公司有更重要的目的,那就是保障员工及其家庭的生活,并为其谋幸福,而我必须常为员工谋幸福,这就是我的使命。"所以他把"应在追求员工物质和精神两方面幸福的同时,为人类和社会的进步与发展作出贡献"定为京瓷的经营理念。由于京瓷明确了其存在的意义,并让员工实实在在地感受到,员工也把京瓷当作"自己的公司",把自己当作一个经营者而努力工作。从那时开始,稻盛和夫和员工的关系已经不是经营者与工人的关系,而是为了同一个目的而不惜任何努力的"同志",在全体员工中萌生了真正的"伙伴关系"。

在"靠什么开展经营"的问题上,稻盛和夫奉行的是"以心为本",他深刻地认识到,"在率领一个团队时,没有比依靠'人心'更有效的方法了。"

回过头来看,假如我们的企业家、我们的经营者能有稻盛和夫的这种思想境界,能让员工实实在在地感受到那种"归属感",前面提到的员工缺乏责任感,不愿想办法维护机器为公司节省成本费用等一系列的问题也许能够迎刃而解。当然,真正做起来还会遇到一些新的问题,因为今天我们所面对的员工和当年稻盛和夫所面对的员工已有很大的不同,因而在人才激励上也得与时俱进,增加一些新的元素,或进行相应的改造。

总而言之,对于非人事部门的管理者来说,必须解决上述提到的"人事分离"的误区与通病,确立"人事合一"的理念。无论是想成就什么事业,都必须心中有"人",必须"善用人",必须尽可能做到善于引进人才、善于培养人才、善于激励人才。这三个"善于",就是"善用人"的三大神器,有了这三大神器,就有可能把我们的事业推向成功的彼岸。

CHAPTER2
第二章

人事管理者：从"六项胜任力"走向"九项胜任力"

"人事合一"与"胜任力管理"
来自实践的新理念、新方法

第一节 以"新型胜任力"为基础，建立 HR 职业资格评价新体系

人力资源管理从业人员是管理人才的人才。为了加快人力资源管理从业人员的能力建设，应该尽快地建立科学、有效的职业标准及评价体系，本节拟就此问题提出看法及意见。

一、现有人力资源管理职业资格评价体系的局限性

现行人力资源管理职业资格的评价以人力资源管理实务的六个模块为基础，注重的专业技能包括人力资源规划、招聘与配置、培养与开发、绩效管理、薪酬管理、员工关系管理等。其高、中、初级资格的划分，无非是两个方面，一是高中级资格须具备人力资源规划的技能，初级资格不须具备人力资源规划的技能；二是对其他五项技能的要求，级别不同，标准也有所不同。

然而，我们必须思考的一个问题是：我们的各级人力资源管理从业者，是不是分别掌握了上述的专业技能，就具备了充分的职业资格，就能在职业发展的道路上走得比别人快呢？

假如我们只注重上述的专业技能，不注重人力资源管理与商业模式、公司战略、企业文化、企业家风格之间的关系，我们的工作不能真正"驱动公司业绩"，恐怕很难在职业发展的路上比别人走得快。因此，我们认为，上述六项专业技能只是必备条件，只有在掌握上述专业技能的同时，能够充分认识并处理好人力资源管理与商业模式、公司战略、企业文化、企业家风格的关系，才具备了充分的条件，才能在职业发展的路上走得比别人快。

二、"新型胜任力"的提出

美国密歇根大学的商业管理教授戴维·尤里奇先生和他的助手们在"2007

人力资源胜任力研究报告"中提出了"新型胜任力",其内涵不仅包括了上述人力资源管理专业技能,还包括了如何认识和处理人力资源管理与商业模式、公司战略、企业文化、企业家风格的关系。

"什么样的专业技能能让已经很成功的人力资源管理者们表现得更好",这是国内外人力资源管理者共同关心的一个课题。戴维·尤里奇教授和他的助手们从 1988 年开始研究这个课题,并与世界各地的有关机构进行合作,合作机构包括美国人力资源管理协会以及欧洲、中国、澳大利亚等地的研究机构。为了达到准确的研究结果,他们对 400 余家企业进行了深入的调查研究。美国人力资源管理协会的总裁兼 CEO、高级人力资源管理师苏珊·R.梅森格女士评价说:"这项研究充分表明了人力资源管理这个领域的不断发展的性质。研究结果同样也昭示出,现在正是涉足这个行业的黄金时刻。我们依然能够为企业创造价值"。

曾参与过此项研究的可口可乐高级副总裁辛西亚·麦卡古先生说:"人力资源胜任力研究是人力资源领域内一项非常重要的基础性研究。它创造并不断强调了一个框架,让我们思考 HR 是如何驱动公司业绩的。"

该项研究在 2002 年的研究报告中提出了五项胜任力,在 2007 年的研究报告中提出了六项胜任力。在新型胜任力中进一步突出了 HR 在文化管理方面的作用,并强调了 HR 所承载的使命,要求 HR 要真正成为一个"可信赖的行动家",不仅"能从专业角度给出建议",还要"对事物拥有自己的态度"。

2007 年提出的新型胜任力包括:可信赖的活动家、文化干事、人才管理/组织设计者、战略策划师、商业同盟、执行操作者。

三、"新型胜任力"的基本内涵

(一)可信赖的行动家

指受到服务对象(特别是 CEO)的尊重、信任,能用心倾听服务对象的需求并从专业角度给出建议,对事物的处理能表明自己的立场,拥有自己的态度。

曾担任过人力资源认证协会主席的苏珊·哈曼斯基说,最优秀的 HR 人才应该"积极进取且贡献良多","CEO们并不希望HR只为他们提供选择——他们想要你的建议，他们希望你能从专业角度给出建议，就像律师和财务总监一样"。从实际工作的要求来看，这种从专业角度给出建议的能力要体现在人力资源管理工作的方方面面。

这项胜任力是HR领导人必须具备的核心素质，或者说是他们胜任力模型中的首要的关键的因素，正如盐湖城RBL集团的人力资源胜任力研究项目经理丹尼·约翰逊先生所说的，"这点非常重要，如果你不具备这项胜任力的话，那么你就过时了。"

（二）文化干事

指承担企业文化总结提升、阐释宣讲和推进成型的具体工作。

为什么叫"干事"，就因为HR承担的是文化建设的具体工作。企业文化源于企业家的价值追求和战略思考，其创意往往由企业家提出来，HR承担的是总结提升、阐释宣讲、推进成型等具体工作。

首先是企业文化的总结提升。一个企业在发展的各个阶段，总会自觉不自觉地形成一定的企业文化，这种文化的形成与企业家的言传身教有密切的关系。在这一环节，HR有两项工作要做，一是总结，即对企业家的有关言论进行整理、总结，二是要提升，即要根据企业新的发展阶段的要求，对以往形成的企业文化加以提升。例如，宝安集团人力资源部在此环节就做了这么两件事，一方面，对集团董事局主席的有关报告、论文、论著进行梳理，总结出若干重要的理念，另一方面，则根据第二次创业的要求对第一次创业阶段形成的文化进行变革、提升。

其次是企业文化阐释宣讲。即在提炼出新的价值观体系之后，每一理念均要有明确的"释义"，并通过宣讲，帮助员工准确理解。

其三是企业文化的推进成型。企业文化成型的标准是挂在墙上的价值理念已经内化为员工心中的行为准则，绝大多数的员工均能自觉地以这些价值理念指导自己的行动，并影响新来的员工。

企业的价值理念从提出到成型，一般需要经历三个阶段，第一阶段是"教化"，第二阶段是"强化",第三阶段是"融化"。宝安集团价值观的推进,现仍处于教化、强化的阶段,尚未达到"融化"的阶段。

对于 HR 从业人员和 HR 部门来说,在六项胜任力中,"文化干事"这项胜任力的重要性排在第二位。

(三)人才管家/组织设计者

指负责人才管理和组织设计方面的策划与执行。

人才管理包括人力资源的规划和员工的入职、升迁、调动或离职等事务。组织设计则是依据公司的运作模式、设计公司的组织结构、领导隶属关系及权限划分等。

宝安集团在 2008 年就制订了三年的人才储备与培养规划,同时,根据战略转型的要求,修改了组织结构图。

以往,人力资源管理者将过多的精力放在员工需求方面,而忽略了组织设计。长远来看,人才管理如果缺乏组织架构的有效支持,将难以成功。

国内外成功企业的经验表明,如何使众多的一流人才为了一个目标有条不紊地工作,这是在竞争中决定胜负的一项秘密武器。美国的微软掌握了这种武器,中国的华为也掌握了这种武器。

(四)战略策划师

指的是能够敏锐地感知到公司商业战略的变化趋势及其对人力资源管理提出的要求,能够发觉公司人力资源方面潜在的障碍,从而制订出适应公司商业战略变化的人力资源战略,为公司商业战略的实施做出贡献。

以宝安集团的 HR 部门为例。《宝安宪章》发布后,HR 部门意识到,集团的发展定位已转型为"以高新技术企业、房地产企业、生物医药业为主的投资控股集团"。与先前的定位相比,有两个明显的变化,一是强调投资业务,强调一手抓加法、一手抓减法的经营策略,二是在投资的几个主要行业的排列上,把高新技术企业排在第一位。这种商业战略的变化势必对人力资源管理提出了新的要求:增加投资专业人才和高新技术企业的管理人才。而就集团人力资源的现实状况而言,恰恰缺乏这两方面的人才,因而也成为实施新商业战略的一个潜在的障碍。为此，必须制订相应的人力资源战略、规划及相关的薪酬政策等，以便吸引人才，克服障碍，为商业战略做出贡献。宝安集团的 HR 部门正在努力实施这一人才战略。

（五）商业同盟

指能够了解所在公司的商业运作，服务于公司的价值链，为公司的商业成功做出贡献。

当好商业同盟的前提是了解商业的运作，因此，要像一名"商业学者"那样，用心去了解公司的战略思想和经营模式，包括客户是谁，他们为什么购买公司的产品和服务等。尤里奇教授曾在他们的讲学途中对 HR 学员进行了 10 个问题的商业能力测试，结果表明，"即使那些具有良好绩效的人对商业也缺乏应有的了解"。

在中国，这方面的问题可能更为突出。

实践证明，假如我们对下属企业的业务流程或对一个部门的管理流程不熟悉，我们对这个单位的人员配备、员工培训、绩效考核都很难到位，因此也难以真正为商业的成功做出贡献。

（六）执行操作者

指的是负责管理公司内部日常"与人相关"的工作，包括招聘配置、培训开发、绩效管理、薪酬管理、员工关系管理等。

这里的每一项功能都非常重要。值得注意的是，这些功能的发挥必须和商业同盟这一胜任力融合在一起。尤里奇教授观察到，即使是非常高效的人力资源管理者，如果过于忽略处理这些琐碎的事务，也存在一定的风险。

四、"新型胜任力"的层次划分

为了更好地理解，可以把这些胜任力看作一个三层的金字塔，塔的底部是"操作执行者"和"商业同盟"，尤里奇教授将其称为"基柱——必要但不充分"；塔的中层为"战略策划师""人才管家／组织设计者""文化干事"；塔尖为"可信赖的行动家"。

从国内企业对各级人力资源管理从业人员核心胜任力的要求来看，正好对应了金字塔的这三个层次。即 HR 基层管理人员必须拥有的胜任力，主要是"执行操作者"和"商业同盟"；HR 中层管理人员必须拥有的胜任力，则是在拥有基层人员两项胜任力的基础上，重点把握"战略策划师""人才管家/组织设计者""文化干事"等三项胜任力；HR 高层管理人员必须拥有的胜任力则是在拥有中层人员三项胜任力的基础上重点把握"可信赖的行动家"这项关键能力。

五、"新型胜任力"的评价标准及认证方法

（一）"执行操作者"的评价标准

（1）掌握人力资源管理各模块（招聘配置、培训开发、绩效管理、薪酬管理、员工关系管理）的基本知识；

（2）能够熟练运用人力资源管理工具（主要指人力资源管理软件）；

（3）能够起草、修订、执行人力资源管理制度。

（二）"商业同盟"的评价标准

（1）了解社会大环境；

（2）了解商业技术；

（3）了解所在单位产品（服务）的价值链，能从人力资源管理的角度提出有价值的主张。

（三）"战略策划师"的评价标准

（1）能够敏锐地感知公司商业战略的变化及对人力资源管理的要求；

（2）能够发觉人力资源管理方面潜在的障碍；

（3）知道如何成功进行变革（主要指人力资源战略调整）。

（四）"人才管家/组织设计者"的评价标准

（1）能够根据公司的发展战略制订人力资源发展规划；

（2）能够通过人才的引进、培训、激励确保企业用人；

（3）能够适时进行组织变革，完善组织架构。

（五）"文化干事"的评价标准

（1）能够通过总结、提升，促进企业文化的变革；

（2）能够通过阐释、宣讲，展示企业文化；

（3）能够通过检查、测评，推进企业文化成型。

（六）"可信赖的行动家"的评价标准

（1）能够建立诚信关系，受到服务对象的尊重、信任；

（2）能够分享信息，根据服务对象的要求从专业角度给出建议；

（3）能够公正严明地达成结果（对事物的处理拥有自己的态度）。

（七）六项胜任力的认证方法

对上述六项胜任力的认证，可采用下列三种方法。

（1）个人举证：即由申请职业资格的人员提供材料，证明自己已达到所申请职业资格的评价标准。例如，申请初级资格的人，须提供材料，证明自己已达到"执行操作者"和"商业同盟"的评价标准；

（2）考试：对各项胜任力所涉及的知识、技能方面的要求，可采用考试的方法，或笔试，或人机对话；

（3）评审会：分级别组织评审机构，由评审机构根据申请人员的举证材料和考试结果，评定申报人员是否已达到相应的评价标准，对达标者授予相应的职业资格。

六、HR职业资格评价新体系的框架

（一）人力资源管理职务等级的划分

可划分为三个等级：初级（管理员、主管）、中级（部长、副部长）、高级（人力资源总监）。

（二）人力资源管理职业资格等级的划分

同样划分为三个等级：三级（对应初级职务）、二级（对应中级职务）、一级（对应高级职务）。

（三）人力资源管理职业资格评价新体系的框架。

HR 职业资格评价新体系框架表

职业资格等级	胜任力考评项目	评价标准	认证方法	权重
三级	执行操作者	掌握人力资源管理基本知识	考试	20
		熟练运用人力资源管理工具	考试	20
		能够起草、修改、执行人力资源管理制度	举证、评审	20
	商业同盟	了解社会大环境	考试	10
		了解商业技术	考试	10
		了解价值链、提出有价值主张	举证、评审	20
二级	文化干事	总结、提升,促进企业文化变革	举证、评审	10
		阐释、宣讲,展示企业文化	举证、评审	10
		检查、测评,推进企业文化成形	举证、评审	10
	人才管家/组织设计者	能够制订人力资源发展规划	举证、评审	10
		引进、培训、激励,确保企业用人	举证、评审	10
		进行组织变革,完善组织架构	举证、评审	10
	战略策划师	敏锐感知商业战略的变化	举证、评审	6
		发觉潜在障碍	举证、评审	6
		知道如何成功进行变革	举证、评审	8
	商业同盟	了解社会大环境	考试	3
		了解商业技术	考试	3
		了解价值链、提出有价值主张	举证、评审	4
	执行操作者	掌握人力资源管理基本知识	考试	3
		熟练运用人力资源管理工具	考试	3
		能够起草、修改、执行人力资源管理制度	举证、评审	4

续表

职业资格等级	胜任力考评项目	评价标准	认证方法	权重
一级	可信赖的行动家	建立诚信关系,受尊重、信任	举证、评审	20
		分享信息,从专业角度给出建议	举证、评审	10
		拥有自己态度,公正严明达成结果	举证、评审	10
	文化干事	总结、提升,促进企业文化变革	举证、评审	6
		阐释、宣讲,展示企业文化	举证、评审	6
		检查、测评,推进企业文化成型	举证、评审	8
	人才管家/组织设计者	能够制订人力资源发展规划	举证、评审	8
		引进、培训、激励,确保企业用人	举证、评审	6
		进行组织变革,完善组织架构	举证、评审	6
	战略策划师	敏锐感知商业战略的变化	举证、评审	6
		发觉潜在障碍	举证、评审	6
		知道如何成功进行变革	举证、评审	8

第二节 如何打造一个高效的HR部门

如何打造一个高效的HR部门?关键是做好下列五件事:一是确立HR的使命、愿景;二是建立HR架构及管理机制;三是建立HR部门本身的人员管理系统;四是建立HR人才的胜任力标准及提升路径;五是建立HR工作表现的评价体系。

一、确立HR的使命、愿景

确立HR的使命、愿景,必须回答下述几个问题:

(1)我们是谁?

(2)我们要做什么?

(3)为什么要这么做?

我们是谁？我们是人力资源工作的专业部门、专业人员。我们不同于非人力资源部门的管理者，他们只是把人力资源工作作为基本职能的一部分，我们则把人力资源工作作为我们的基本职能的全部，作为我们不同于其他职能部门的专业职能。

我们要做什么？我们从事人力资源管理专业工作。我们要制订人才发展规划，要努力打造高效的人才选聘系统、人才培养系统和人才激励系统，还要处理好员工关系。

为什么要这么做？这样做的目的是为了建设一支数量、素质、活力与公司战略规划、经营计划相匹配的人才队伍，充分发挥人力资源的效能，保证公司战略目标和经营目标的实现。

二、建立 HR 架构及管理机制

建立 HR 架构及管理机制要回答下列两个问题：

（1）我们的 HR 架构如何建立？

（2）我们的 HR 管理机制如何建立？

HR 架构的建立要与经营组织的架构相吻合，如经营组织有三级的架构，HR 架构一般也有三级，不同的是由于组织规模的大小不一样，有的层级设立的是人力资源中心，有的层级设立的是人力资源部，而有的层级则是在人事行政部中配置一两个人力资源工作专业人员。

HR 管理机制指的是界定各级 HR 机构的职能和权限。一般来说，人力资源中心负责政策、策略、制度、流程设计和关键岗位的考核和任免；人力资源部负责政策、策略、制度、流程的执行和一般岗位的考核和任免；人事行政部的人力资源管理人员则多是负责人力资源管理的一些事务性的工作。

三、建立 HR 部门本身的人员管理系统

HR 部门的人员管理系统包括人员管理系统、绩效管理系统和信息管理系统。

要回答的问题是：

（1）HR 人才如何流动？

（2）HR 的责任制如何建立？

（3）HR 人员的信息系统如何建立？

HR 人才如何流动？包括 HR 人才的来源与去向。HR 人才的来源，有的倾向于从 HR 专业人才中挑选，即选那些接受过专业教育，有一定专业工作经验的人，而有的则倾向于从有经营经验的人中挑选，因其有经营经验，因而更懂得经营中需要什么样的人才。HR 人才流动的去向，有的可在本部门内部轮岗，有的可跨部门轮岗，有的可跨企业流动，有的可向外部流动，所有这些流动都是正常的。

HR 责任制的建立，必须对 HR 架构内部的岗位设置及岗位职责进行设计。如部门内按管理模块分设了招聘岗、培训岗、绩效岗、薪酬岗、员工关系岗，则各岗位的责任按岗位所承担的具体工作确定。

HR 人员档案资料等信息的管理，可和其他人员的档案资料一块管理。组织规模大、HR 人员多的，也可由上级 HR 机构单独统一管理。

四、建立 HR 人才的胜任力标准及提升路径

这一部分要回答三个问题：

（1）HR 人才的胜任力要素主要有哪些？

（2）HR 人才的胜任力水平如何评估？

（3）HR 人才的胜任力如何发展？

关于 HR 人才的胜任力要素，戴维·尤里奇在 2015 年中欧人力资源高峰论坛上提出，经过新一轮的调查分析，HR 人才的胜任力要素从原有的六项增加为九项。

①战略定位者：了解外部环境、了解客户期待、了解内部运营、制订人力资源应对策略，帮助组织成功。

②可信赖的行动者：自我提高，赢得信任，影响他人，帮助员工找到其工作

与企业发展的相关性。

③文化和变革的倡导者：定义文化、塑造文化、发动人力资源管理变革、管理变革过程。

④人力资本的管理者：通过人才规划、人才开发、绩效管理，确保组织的人力资本。

⑤薪酬福利管理者：理解员工工作动机、提供物质激励创新方案、找到非物质激励方式。

⑥矛盾疏导者：能从不同角度看问题、兼顾矛盾各方的共同诉求与分歧意见，通过疏导、缓解紧张关系，使组织能更好抓住机会。

⑦技术与媒体的整合者：能将科学技术应用于HR工作中（如建立人力资源信息系统），能利用各种媒体去吸引、招募、发展、保留人力资本。

⑧数据的获取与解读者：能获取有效数据支持HR决策，能解读商业数据，对业务决策提出有益见解，习惯用数据说话。

⑨合规管控者：能正确理解政府相关法律法规，通过引导使管理者的行为符合法律准则，明确并维护员工合法权益。

戴维·尤里奇主导的HR胜任力调研从1987年开始，至今已进行了七次。他在2015年第二届中欧人力资源高峰论坛上发布的"九项胜任力"是第七轮全球人力资源胜任力调研的结果。我们把第七轮发布的"九项胜任力"与第五轮（2007年）、第六轮（2012年）发布的"六项胜任力"加以比较，发现有如下三点不同：

一是把第五轮调研提出的"商业同盟"和"战略策划师"合并为"战略定位者"。

二是把第五轮调研提出的"人才管家与组织设计者"一分为三，变为"人力资本管理者""薪酬福利大管家"和"数据的收集与解读者"三项胜任力。

三是把第五轮调研提出的"操作执行者"一分为三，变为"合规管控者""技术与媒体整合者"和"矛盾疏导者"三项胜任力。

关于HR人才胜任力水平的评估，要以HR的胜任力要素为评估标准。不同层级、不同岗位可选择不同的关键要素。比如说，"战略定位者""文化和变革的倡导者"可作为人力资源总监或部门经理的评估要素，但是作为一般专业人员的评估要素就不合适了。另如，"人力资本的管理者"适合于评估招聘、培养岗位。"薪酬福利管理者"适合于评估薪酬管理岗位，"矛盾疏导者""合规管控者"适合于评估员工关系岗位。不同岗位有不同的评价重点，当然也有一些交叉的地方。

评估时，可运用360度评估方法（调查问卷）。对一个人胜任力的评估，离不开人与人的接触，离不开信息的掌握。单由一个人评估，其接触面总是有限的，掌握的信息也总是有限的，因此最好采用360度评价法，能对一个人做出比较全面的评价。

关于HR人才的胜任力发展，基本途径有两条：一是读书，二是实践。读书不同于一般网络学习的地方，在于它提供的是系统化、框架化的知识，而不是碎片化的知识。在阅读中，要注重学习新知识：如云组织、云激励、云支持等相关知识。

从实践中提升需要坚持"知行合一"，在求知中实践，在实践中求知。王阳明提出，"知之真切笃实处是行，行之明觉精察处是知"。这句话很值得我们深入去领悟。任正非对华为的高管提出，我之所以比你们水平高，是因为我做每一件事都能比你们多体悟一点点，我做的事情多了，水平就提高了。

五、建立 HR 工作表现的评价体系

建立 HR 工作表现的评价体系，要回答两个问题：

（1）HR 部门的 HR 积分卡如何设计？

（2）HR 相关事务的业务计分卡如何设计？

参照一些专家的意见，对 HR 部门工作表现可以从下列三个层面进行评价。

其一为人力资源管理职能层面：包括招聘、培训、绩效、薪酬等职能的履行情况，看是否建立了高效的人才招聘系统、人才培养系统和人才激励系统。

其二为人力资源队伍层面：包括数量、素质、结构、流动率、储备率等指标

的达成情况。

其三为人力资源效能层面：包括劳动生产率、人均利润率等指标的达成情况。

上述三个层面的评价指标存在内在的逻辑关系。在一定的环境条件下，职能的履行决定了队伍的建设，而队伍的建设决定了效能的发挥，反过来，效能层面的问题要从队伍层面找原因，队伍层面的问题要从职能层面找原因。

对于HR相关事务的业务计分卡的设计，指的是给HR部门的各个模块或各个岗位设计评价指标。如，假如HR部门的日常工作分为招聘、培训、绩效、薪酬四个模块，可分别设立下列评价指标。

①招聘：新员工到岗及时率、员工合格率等指标。

②培训：培训时数、参加培训人数、培训费用控制等指标。

③绩效：目标合理性、跟踪及时性、考核公平性等指标。

④薪酬：薪酬总量的控制、薪酬结构的导向性、薪酬水平的合理性（内比、外比）等指标。

总之，假如我们能把上述五项工作做到位，能真正确立HR的使命、愿景，建立HR架构及管理机制，建立HR部门本身的人员管理系统，建立HR人才的胜任力标准及提升路径，建立HR工作表现的评价体系，就能打造一个高效的HR部门。

CHAPTER3
第三章

人事管理变革：从以岗位为基础走向以胜任力为基础

第一节　构建以胜任力为基础的人力资源管理新体系

贝特瑞公司是一家锂离子二次电池负极材料、正极材料、炭系新材料专业生产的企业。自2000年8月7日成立以来，经过十多年的努力，已发展成为锂离子电池负极材料市场占有率全球第一的行业领先企业。

按照公司主营业务三步走规划，到2020年，贝特瑞公司将从"全球销量第一"发展为"销量、技术、管理全面领先"。为了这一目标的实现，贝特瑞公司积极开展技术创新和管理创新活动，在人力资源管理领域构建以胜任力为基础的人力资源管理新体系，以下是对这一方面实践经验的介绍。

一、构建新体系的指导思想

贝特瑞公司以国际先进理论为指导构建人力资源管理新体系。国际人力资源管理大师威廉·J.罗斯维尔提出，构建以胜任力为基础的人力资源管理新体系，是人力资源管理领域的一场变革。为什么这么说呢？我们的理解是，传统的人力资源管理是以岗位或者岗位说明书为基点来构建整个人力资源管理体系。岗位说明书中有两个核心部分，一是岗位职责，二是岗位任职资格，任职资格中主要规定了知识、技能、能力方面的要求。简单地说，传统体系的用人标准关注的主要是知识、技能、能力这几个要素。而这样的用人标准也就决定了人才培养也是主要关注这几个要素，能力考核也是主要关注这几个要素，决定薪酬待遇的依据归根到底主要的也是这几个因素。而以胜任力为基础的人力资源管理新体系，则是以岗位的胜任力模型为基点来构建整个人力资源管理体系。这个"基点"与传统体系的"基点"不同的地方，就在于它不仅关注任职者的知识、技能、能力，更关注任职者的职业兴趣、自信心、优势才干和价值取向。这是因为，同一学校、同一专业毕业的员工，其知识、技能、能力可能相差不远，而职业兴趣、自信心、优势才干和价值取向则可能相差甚远，正是这个原因，导致他们的工作业绩也相差甚远。由于用人标准这个"基点"得到提升，增加了新的因素，也就带动了整个人力资源管理体系的提升，人才培养的标准相应提升，绩效考核及能力考核的标准相应提升，决定薪酬待遇的依据也增加了新的因素。由于基点的提升带来了整个体系的提升，从而能有力地推动员工绩效的提升和组织绩效的增长。正是在这个意义上，我们说它是人力资源管理领域的一场变革。

二、构建新体系的过程、方法

贝特瑞公司构建以胜任力为基础的人力资源管理新体系大致可分为两个阶段：一是胜任力标准体系的设计；二是胜任力管理制度的制定。

（一）标准体系的设计

标准体系是构建人力资源管理新体系的基础，必须扎扎实实做好。贝特瑞公司胜任力标准体系的设计分为以下五个步骤：岗位序列划分；公司胜任力标准体系基本框架设计；核心胜任力要素确认；通用胜任力要素确认；专业胜任力要素确认。

1. 岗位序列划分

（1）类别划分：划分为管理、专业技术、技能、事务四大类；

（2）序列划分：各大类按实际情况进一步细分为岗位序列。如，管理类可进一步细分为研发管理、采购管理、生产管理、营销管理等。

（3）层级划分：管理类分为5个层级：决策层、高层、中层、基层、一线；专业技术类分为5层：资深工程师级、高级工程师级、工程师级、助理工程师级、技术员级；技能类分为4个层级：资深技工级、高级技工级、中级技工级、初级技工级；事务类不分层级。

（4）岗位划分：同一层级中，包含不同的岗位，如人力主管级中可分为招聘、培养、绩效、薪酬等不同岗位。

以下为BTR公司岗位序列划分表：

管理类

研发管理	采购管理
决策层管理人员：分管副总/总助/总工	决策层：分管副总/总助
高层管理人员：研究院院长、技术支持中心总监、测试应用中心总监	高层：供应链中心总监
中层管理人员：各研发部门主任	中层：采购部经理、物料部经理
基层管理人员：各研发项目组长	基层：采购部主管
一线管理人员	一线
生产管理	**营销管理**
决策层：分管副总	决策层：分管副总/总助
高层：供应链中心总监	高层：营销总监
中层：生产部经理、工程部经理、品质部经理	中层：市场部、国内营销部、国外营销部、商务部经理
基层：上述各部门主管	基层：销售主管
一线：车间主任、工段长、生产班长	一线
人力资源管理	**财务管理**
决策层：分管副总/总助	决策层：分管副总/总助
高层：管理中心总监	高层：财务中心总监
中层：人力部经理	中层：财务经理
基层：人力部主管	基层：财务主管
一线	一线
信息管理	**品质管理**
决策层：分管副总/总助	决策层：分管副总/总助
高层：战略中心总监	高层：供应链中心总监
中层：信息部经理	中层：品质部经理
基层：信息部主管	基层：品质部主管
一线	一线

专业技术类

销售	市场
资深销售工程师	资深市场工程师
高级销售工程师	高级市场工程师
销售工程师(内销、外销)	市场工程师(市场研究、产品管理、售后服务)
助理销售工程师(内销、外销)	助理市场工程师(市场研究、产品管理、售后服务)
销售员(内销、外销)	市场推广员(市场研究、产品管理、售后服务)
研发	生产
资深研发工程师(技术支持、产品研发、应用开发)	资深制造工程师
高级研发工程师(技术支持、产品研发、应用开发、分析测试)	高级制造工程师
中级研发工程师(技术支持、产品研发、应用开发、分析测试)	制造工程师
初级研发工程师(技术支持、产品研发、应用开发、分析测试)	助理制造工程师
研发技术员(技术支持、产品研发、应用开发、分析测试)	制造技术员
品质	物料
资深品质工程师	资深PMC工程师
高级品质工程师	高级PMC工程师
品质工程师	PMC工程师
助理品质工程师	助理PMC工程师
实习品质工程师	PMC员
工程	采购
资深设备工程师	资深采购工程师
高级设备工程师	高级采购工程师
设备工程师	采购工程师
助理设备工程师	助理采购工程师
设备技术员	采购员

"人事合一"与"胜任力管理"
来自实践的新理念、新方法

续表

人力资源管理	财务管理
资深人力资源管理师	资深财务管理师
高级人力资源管理师	高级财务管理师
人力资源管理师	财务管理师(会计、审计)
助理人力资源管理师	助理财务管理师(会计、审计)
人力资源管理员	财务管理员(会计、审计)
IT	行政管理
资深IT工程师	资深行政管理师
高级IT工程师	高级行政管理师
IT工程师(桌面技术支持、系统管理员、java程序员)	行政管理师
助理IT工程师(桌面技术支持、系统管理员、java程序员)	助理行政管理师
IT程序员(桌面技术支持、系统管理员、java程序员)	行政管理员
战略管理	投资管理
资深战略管理师	资深投资分析师
高级战略管理师	高级投资分析师
战略管理师	投资分析师
助理战略管理师	助理投资分析师
战略管理员	投资分析员
资产管理	信息
资深营运师	资深信息工程师
高级营运师	高级信息工程师
营运师	信息工程师(项目申报、情报搜集、知识产权)
助理营运师	助理信息工程师(项目申报、情报搜集、知识产权)
资产管理员	信息员(项目申报、情报搜集、知识产权)
EHS	法律事务代表
资深EHS工程师	资深法律事务代表

第三章
人事管理变革：从以岗位为基础走向以胜任力为基础

续表

高级 EHS 工程师	高级法律事务代表
EHS 工程师	中级法律事务代表
助理 EHS 工程师	初级法律事务代表
EHS 技术员	见习法律事务代表

技能类

研发部门技工	工程部门技工
资深实验员、资深检测员	资深电工、资深焊工
高级实验员、高级检测员	高级电工、高级焊工
中级实验员、中级检测员	中级电工、中级焊工
初级实验员、初级检测员	初级电工、初级焊工
品质部门技工	生产部门技工
资深质检员	资深调机员
高级质检员	高级调机员
中级质检员	中级调机员
初级质检员	初级调机员

事务类

事务
生产操作工、送货员、仓管员、宿舍管理员、发货司机、叉车司机、办公室司机、安全卫士、清洁卫士、厨师、帮厨

2．胜任力标准体系基本框架的设计

胜任力标准体系的基本框架为核心胜任力要素＋通用胜任力要素＋专业胜任力要素：核心胜任力要素是由公司价值观体系派生出来的，要求全员都必须具备；通用胜任力要素是每个岗位序列共通的要求，比如说人力资源管理人员有人力资源管理人员的共通要求，财务人员有财务人员的共通要求，但是不同的层级有不同的标准；专业胜任力要素，是依据岗位的专业要求，不同系列、不同层级的岗位，专业要求是不同的。

3.核心胜任力要素的确认

贝特瑞公司胜任力标准体系中的核心胜任力要素是从公司确立的价值观理念派生出来的，共包括客户、服务、品质、成本、速度、开放、创新、激情、思考、责任十个要素，以下是核心胜任力要素的构成和释义表。

（1）核心胜任力要素的构成：

```
              激情
         服务      品质
    创新    客户价格    成本
            最大化
   责任   开放    速度    思考
```

（2）核心胜任力要素的释义：

核心要素		释义
1	客户	我们所有的行动和付出,都有一个清晰的指向:一切为了客户价值最大化
2	服务	贴心服务、增值服务、差异化服务;为客户做一件感动的事情、为客户做超越预期的事情
3	品质	品质第一、品质制胜;充分用好用活 TQM 与 6σ 管理工具;创造一流的品质,一流的服务
4	成本	提高成本意识、每1分钱都要省;提高工作效率、一次把事情做精做准做正确;全面削减成本,用最低的成本开发最好的产品
5	速度	做市场需求的快速反应者,比竞争对手快半步;以最快速度出新品;以最快速度占领市场;在最短时间内争取最多的订单

续表

核心要素		释义
6	开放	保持开放心态;对外具有国际化的视野,开展国际化的经营和国际化的交流,引进国际化人才;对内广开言路,群策群力
7	创新	从点的创新走向系统创新;开展业务创新、产品创新、技术创新、管理创新;创独特、创唯一;掌握别人还不知的部分,一而再再而三地进行多方面尝试
8	激情	为建立"独具个性的受人尊重的伟大企业",像疯子一样地往前冲
9	思考	学习、学习、再学习;思考、思考、再思考;天行健,君子自强不息
10	责任	担责任、干实事;主动担当、善担当、敢担当;信守承诺、结果导向、永不言败

4. 通用胜任力要素的确认

通用胜任力要素指的是各个序列的一些共通的素质、能力要求。比如说,对管理类人员通用素质能力要求的确认,借鉴了合益集团的经验及成果,选取了成就导向、归纳思维、演绎思维、监控能力、收集信息、培养人才、领导能力、人际能力、关系建立、合作精神、诚实正直、自信等12个要素。以下是每一个要素的模板。

序列通用要素	定义	层级	层级标准	各职级的要求				
				决策层	高层	中层	基层	一线
成就导向	希望工作杰出或超出优秀标准。其标准可以是某个人自己过去的业绩;或一种客观衡量标准;或比其他人做得更好	1	要把工作做好:努力把工作做好或做对。也许有对浪费或低效率的受挫感,却没有带来具体任何改进	•	•	•	•	•
		2	自创杰出衡量标准:采用自己具体衡量结果的方法。专注于某些新的或更确切的方法以达到管理目标	•	•	•	•	•
		3	业绩有改善:对某系统或自己个人工作方法做出具体改变以改进业绩(即把某事做得更好、更快、更省、更有效;改善其质量、客户满意度、精神面貌、收益)	•	•	•	•	
		4	为达到有难度的目标而努力:"有难度"即仅有50%的机会达到目标、有50%的可能失败。其努力是超常的,却又不是不实际或不可能的	•	•	•		

续表

序列通用要素	定义	层级	层级标准	各职级的要求			
				决策层	高层	中层	基层	一线

| | | 5 | 做成本-效益分析：在仔细计算过投入和产出的基础上做决定，对潜在利润、投资盈利率或成本效益分析做详细明确考虑 | ● | ● | | |
| | | 6 | 明知有风险仍一往无前：为提高效益调动最大资源或时间 | ● | | | |

5. 专业胜任力要素的确认

专业胜任力要素指的是各个序列各个层次的不同岗位所需具备的知识、技能。不同序列的岗位对知识、技能的要求是不同的。同一序列的岗位，对知识、技能的要求有共通性，但所处的层级不同，对知识技能的要求也是不同的，一般而言，高层级的要求"精通"，中层级的要求"熟悉"，而初级的只要求"了解"。以下是人力资源管理序列各岗位专业胜任力要求的一个模板。

岗位专业胜任力要素	门类	要求	各职级的要求			
				资深人力资源管理师	高级人力资源管理师	助理人力资源管理师	人力资源管理员

专业知识	人力资源管理的相关知识：人力资源开发与管理、现代企业管理、管理心理学与组织行为学、劳动经济学、人力资源相关法规政策、新能源新材料行业知识	精通	●	●		
		熟悉		●	●	
		了解			●	●

续表

岗位专业 胜任力要素	门类	要求	各职级的要求			
			资深人力资源管理师	高级人力资源管理师	助理人力资源管理师	人力资源管理员
专业技能	人力资源管理的相关技能：人才规划、招聘管理、培训管理、绩效管理、薪酬管理、员工关系、办公软件与公文写作	精通	•	•		
		熟悉			•	
		了解				• •

（二）制度体系的制定

通过上面这些步骤打造了一个整体性的标准体系之后，就可以在这个基础上制定一个制度体系，贝特瑞公司主要做了几个模块，一是基于胜任力模型的人才选用管理办法，二是基于胜任力的人才培养管理办法，三是基于胜任力的绩效管理办法，四是基于胜任力的薪酬管理办法，在标准体系基础上形成了一个新的制度体系。

1. 基于胜任力模型的人才选用管理办法

新的人才选用办法，强调高标准，不仅注重岗位相关知识、技能，更注重相关的职业兴趣、自信心、优势才干和价值取向。为更精确地选到合适人才，贝特瑞公司针对特定岗位设计关键胜任力测评表，先确定关键要素，再针对关键要素设计结构化问题用于收集相关信息，评价小组在收集相关信息的基础上进行评分。以下为关键胜任力要素测评表模板。

"人事合一"与"胜任力管理"
来自实践的新理念、新方法

关键胜任力测评表（模板 – 人力资源管理总监）

评价内容（关键胜任力要素）	评价方法（结构化问题）	评价分数					权重	得分	备注
激情	①为什么选择应聘人力资源总监这个岗位？ ②你认为这项工作有挑战性吗？ ③你准备如何应对这项工作面临的各种挑战？	5	4	3	2	1			
培养人才	①如何看待、评价你的下属？ ②你如何帮助他们把事情做正确？ ③你为他们提供了哪些成长的机会或平台？	5	4	3	2	1			
人际理解能力	①如何理解一个人的情绪及其表达的思想内容？ ②你如何理解一个人当时未表达的思想、关切点及感觉？ ③你如何理解一个人持续的感觉、关切点、行为的原因？	5	4	3	2	1			
领导能力	①你采用什么样的策略来提高团队的士气？ ②你采用什么样的措施来增强团队精神？ ③你采用什么方式确保人们得知必要信息？	5	4	3	2	1			
诚实正直	①请说说你对工作环境的否定想法（如害怕、不安、畏惧等）？ ②当你按照自己的价值观说出自己的观点会伤害老朋友时，你会怎么办？ ③当你基于所信仰的价值观对上级提出不同意见可能冒很大风险，你会怎么办？	5	4	3	2	1			
专业知识技能	①人力资源管理者的新型胜任力包括哪一些？ ②对人力资源总监来说最重要的是哪几项胜任力？ ③人力资源总监是否能像法律顾问那样发挥咨询服务作用，怎样做才能提升自己的咨询服务能力？	5	4	3	2	1			

注：评分栏分为5、4、3、2、1，5为最高分，1为最低分。评分时，在评定分数的位置打√。

2. 基于胜任力模型的人才培养管理办法

新的人才培养管理办法强调"深开发",不仅注重知识、技能的培训,更注重员工潜能的开发,也包括职业兴趣的提升,自信心的增强,优势才干的发掘,价值取向的引导及调整。以下是人才培训开发模式的一个框架。

人才培训开发模式

培训、开发内容	培训、开发方式	培训、开发主体
知识	除组织参加短期知识培训外,可选送有潜能员工参加学历教育: 1. 高绩效、高胜任力的班子成员:报读 EMBA 2. 高绩效、高胜任力的中层管理人员:报读 MBA 3. 高绩效、高胜任力的专业技术人员:报读工程硕士等	外部讲师
技能	1. 组织内部技能培训 2. 组织员工参加外部技能培训	内部讲师 外部讲师
社会角色 (职业兴趣)	1. 对应聘对象进行职业倾向测试 2. 对职业倾向与所任工作不一致的,或调整工作、或调整心态	测试专业人员 内部管理者 (导师、教练)
自我形象 (自信心)	1. 对应聘对象进行自信心测试 2. 强化员工激励,多表扬、少批评	测试专业人员 内部管理者 (导师、教练)
人格特质 (优势才干)	1. 对应聘对象的人格特质进行测试 2. 组织员工学习《批判性思维工具》等著作,或开设《优化思维方式》专题讲座	测试专业人员 内部管理者 (导师、教练)
动机需要 (价值取向)	1. 对应聘者的动机类型进行测试 2. 对动机类型与所任工作的要求不相符的加以引导	测试专业人员 内部管理者 (导师、教练)

3. 基于胜任力模型的绩效管理办法

新的绩效管理办法强调"双考核"。既有业绩的考核,又有胜任力的考核。以下为员工胜任力考核表模板。

"人事合一"与"胜任力管理"
来自实践的新理念、新方法

岗位序列胜任力考核表（模板 – 管理）

评价对象：人力资源管理总监评价小组　总得分：

胜任力要素	层级	层级标准	评分 5 4 3 2 1	权重	得分	备注
核心要素	客户	—	我们所有的行动和付出，都有一个清晰的指向：一切为了客户价值最大化		4%		
	服务	—	贴心服务、增值服务、差异化服务；为客户做一件感动的事情，为客户做超越预期的事情		4%		
	品质	—	品质第一、品质制胜；充分用好用活TQM与6σ管理工具；创造一流的品质，一流的服务		4%		
	成本	—	提高成本意识、每1分钱都要省；提高工作效率、一次把事情做精做准做正确；全面削减成本，用最低的成本开发最好的产品		4%		
	速度	—	做市场需求的快速反应者，比竞争对手快半步；以最快速度出新品；以最快速度占领市场；在最短时间内争取最多的订单		4%		
	开放	—	保持开放心态；对外具有国际化的视野，开展国际化的经营和国际化的交流，引进国际化人才；对内广开言路，群策群力		4%		
	创新	—	从点的创新走向系统创新；开展业务创新、产品创新、技术创新、管理创新；创独特、创唯一；掌握别人还不知的部分，一而再再而三地进行多方面尝试		4%		
	激情	—	为建立"独具个性的受人尊重的伟大企业"，像疯子一样地往前冲		4%		
	思考	—	学习、学习、再学习；思考、思考、再思考；天行健，君子自强不息		4%		
	责任	—	担责任、干实事；主动担当、善担当、敢担当；信守承诺、结果导向、永不言败		4%		

续表

胜任力要素		层级	层级标准	评分 5 4 3 2 1	权重	得分	备注
通用要素	成就导向	4	见辞典中"成就导向"要素1~4层级标准		3%		
	归纳思维	3	见辞典中"归纳思维"要素1~3层级标准		3%		
	演绎思维	3	见辞典中"演绎思维"要素1~3层级标准		3%		
	监控能力	5	见辞典中"监控能力"要素1~5层级标准		3%		
	收集信息	4	见辞典中"收集信息"要素1~4层级标准		3%		
	培养人才	5	见辞典中"培养人才"要素1~5层级标准		4%		
	领导能力	3	见辞典中"领导能力"要素1~3层级标准		4%		
	人际理解能力	3	见辞典中"人际理解能力"要素1~3层级标准		4%		
	关系建立	4	见辞典中"关系建立"要素1~4层级标准		3%		
	合作精神	5	见辞典中"合作精神"要素1~5层级标准		3%		
	诚实正直	4	见辞典中"诚实正直"要素1~4层级标准		4%		
	自信	5	见辞典中"自信"要素1~5层级标准		3%		
专业要素	专业知识		（了解/熟悉/）精通本部门涉及的相关专业知识		10%		
	专业技能		（了解/熟悉/）精通本部门涉及的相关专业技能		10%		

4. 基于胜任力的薪酬管理办法

薪酬等级由岗位等级决定，薪酬档级由胜任力决定，胜任力强档次比较高，胜任力比较弱档次就比较低了。业绩考核结果则与绩效工资、效益奖金分配挂钩。以下为员工薪酬标准表模板。

管理类人员薪酬标准表

薪酬等级	岗位层级	岗位	薪酬标准 1档 2档 3档 4档 5档 6档 7档 8档 9档	基本工资与绩效工资基数的比例	备注
12	总经理级	总经理			
11	副总经理级	副总经理	按宝安集团有关规定执行		
10	总经理助理级	总经理助理			

续表

薪酬等级	岗位层级	岗位	薪酬标准 1档	2档	3档	4档	5档	6档	7档	8档	9档	基本工资与绩效工资基数的比例	备注
9	总监级	中心总监、研究院院长、事业部总经理										5:5	
8	副总监级	中心副总监、研究院副院长、事业部副总经理											
7	经理级	部门总监、经理、主任、事业部总监										6:4	
6	副经理级	副经理、副主任											
5	经理助理级	经理助理											
4	主管级	主管										7:3	
3	副主管级	副主管、(研发)项目负责人											
2	一线管理级(生产)	车间主任											
1	一线管理级(事务)	叉车班长、车队队长、安全卫士队长、厨师长											

三、新体系的运行

为了使新体系能够落地,贝特瑞公司在完成标准体系的设计和制度体系的制定,发布了公司的《胜任力管理手册》之后,分年度制订胜任力管理制度的执行计划,分别确定特定年度的人才选用、人才培养、绩效管理、薪酬管理的执行项目,并以表格的方式明确各个项目的名称、执行时间、组织者、执行人、参与者;项目执行的目的、资源需求、主要障碍、采取措施;项目结果评价标准、奖惩办法等。以下为2014年胜任力管理制度执行计划中执行项目的模板。

第三章
人事管理变革：从以岗位为基础走向以胜任力为基础

项目名称	各岗位序列关键胜任力评价表（主管级以上管理人员、工程师级以上专业技术人员）	执行时间	2014年6～8月
组织者	人力资源部负责人	执行人	×××
参与者	相关用人部门负责人		
目的	通过关键胜任力要素测评，达到选拔优秀人才的目的		
资源需求	1. 各相关部门经理的配合 2. 人力资源部经理和管理中心总监的支持和帮助		
主要障碍	对测评表的设计与应用尚不熟悉，有一定难度		
采取措施	1. 关键要素的确认：由人力资源部门专业人员与用人部门负责人共同确认 2. 设计面试问题：由人力资源部专业人员针对各要素进行设计，重在了解应聘人员的过往行为表现 3. 面试过程中的应用：对每个应聘者均按结构化问题的顺序进行提问，并加以评分		
项目结果评价标准	1. 选用主管级以上管理人员和工程师级别以上专业技术人员时，使用了胜任力关键要素测评表 2. 选出了各岗位的优秀者		
奖惩办法	年终考核时，根据评价结果酌情加分或扣分		
备注	必要时可采用优势识别器、人格特质测试、职业倾向测试等心理测试工具		

　　新体系运行中的难点是对员工的职业兴趣、自信心、优势才干、价值取向等潜在因素的测试。在这一点上，贝特瑞尝试了以下三种方法。一是采取360°评价方式，设计一张胜任力评价表，列出特定岗位须具备的各项胜任力要素及层级标准，由其上下左右的相关人员给他评分，然后再汇总统计其各项的得分及平均分。二是采用结构化面试的评价方式。即针对上述潜在因素，设计结构化问题，通过结构化问题收集其工作、生活、学习中的相关信息，凭借这些相关信息对其潜在因素进行评价。比如说，在人力资源总监关键胜任力测评表中，针对与"职业兴趣""自信心"密切相关的"激情"这一潜在因素设计了这么几个问题：①你为什么选择应聘人力资源总监这个岗位？②你认为这项工作有挑战性吗？③你准备如何应对这项工作面临的各项挑战？三是选择采用相关的心理测量工具。比如说，在测试优势才干方面采用盖洛普的优势识别器。公司战略管理中心

"人事合一"与"胜任力管理"
来自实践的新理念、新方法

的一位主管测出的5个优势主题为：理念、搜集、完美、思维、交往。"理念"指的是痴迷于各种理念能够从貌似毫无关联的现象中找出其相互联系；"搜集"指的是充满好奇，喜欢搜集、整理各种各样的信息；"完美"指的是专注于激励个人和团体追求卓越；"思维"指的是长于思考、勤于自省、敏于探讨；"交往"指的是喜欢人际网的亲密关系，最大的满足是与朋友一道为实现一个目标而同舟共济。笔者本人测出的5个主题是完美、学习、思维、搜集、专注。其中"学习"指的是热爱学习，无论是什么题目，总是受到学习过程的吸引；"专注"指的是明确前进的方向与目标，每年、每月，甚至每周都做你爱做的事，无助于此的事便被放弃。凭自我和同事的感觉，这个测试结果还是比较相符的。

大地和公司构建以胜任力为基础的人力资源管理新体系中，借助北森公司开发的"管理人员测评"工具对管理层的成员进行测验，测验的结果包括两个部分，一是管理个性，包括成功愿望、权利动机、亲和动机、活力、创新意识、洞察力、决断的、理性的、乐观的、抗压性、情绪稳定性、适应性、社交自信、影响的、同理心、支持性、责任感、审慎的、条理性、意志力等20个要素；二是管理技能，包括战略理解与执行、目标设置、规划安排、时间管理、任务分配、授权管理、团队管理、决策判断、激励推动、培养下属、沟通协调、关系管理、监管反馈、应变调控、绩效管理等15个要素。测试结果显示出被测试者各个要素得分的曲线，并在这个基础上对其优劣势做出综合分析，且对其管理行为做出预测分析。

在执行中还要解决一个问题，就是破除"拒绝变革"的思想障碍。执行新体系是一项管理变革，要求我们的相关领导和相关部门要改变旧习惯，采用新做法，要付出更多的努力，做更多的工作。而有的领导和部门由于认识不够深刻，加上懒惰作怪，拒绝改变，导致执行不到位。比如说，绩效管理中的业绩、胜任力"双考核"本应贯穿于整个过程，却一开始就没有做到。发现这一问题后，借助公司董事长和总经理的推动力，才逼着相关部门把此项工作执行到位。

四、新体系的优化

新体系实施两年来，取得了初步成效。广东省政府质量奖现场评审组在宣读对贝特瑞公司的评审结果时指出了公司的5项主要优势和3个改进机会，5项主要优势中的第二项就是"公司不断完善人力资源系统，为实现战略提供雄厚的人才支撑"。其中特别提到，公司建立了"以员工为本"的人力资源优势，依据"胜任力管理手册"选拔优秀人才，实施对员工绩效、胜任力双考核，将绩效体系、薪酬体系和胜任力体系三者联动。良好的人力资源管理体系，为公司集聚了一大批高素质人才和经验丰富的技术骨干，为公司战略提供了较为雄厚的人力资源支撑。

贝特瑞公司的上级组织宝安集团在修订主要管理工具之一"三力系统"时，指定贝特瑞公司提供"绩效管理运行方式"的案例，把贝特瑞公司作为集团内部绩效管理的标杆单位。

贝特瑞公司在构建以胜任力为基础的人力资源管理新体系的过程中，通过不断地总结经验，也发现了已构建的新体系中尚存在的一些不完善的地方，并努力加以改进和优化。

例如，公司组织绩效的测量系统就存在不完善的地方，公司原有的公司、部门和岗位三个层级的指标之间，缺乏上下一致性。即一个部门内各岗位指标的完成并不能保证部门指标的完成，而部门的指标的完成也不能保证公司指标的完成。经分析，原因就出在原先各级指标设立时采用"由下而上"的方式，是由下级申报，上级核定，因此上下级指标关联性不够强。找到原因后，贝特瑞公司对各级指标的设立改为采用"由上而下"的方式，即以公司一级的指标为原点，通过业务逻辑分析，层层分解到各个部门和各个下属单位，再由各级责任人制订完成指标的措施和行动计划，从而保证上下级指标的一致性和整个组织绩效测量系统的完善，以下是"公司年度绩效指标分解表"（模板）。

"人事合一"与"胜任力管理"
来自实践的新理念、新方法

公司年度绩效指标分解表

公司年度绩效指标（2015年）	各职能部门	主要的合理贡献	主要绩效指标	主要的措施	行动方案
1. 财务指标 2. 经营指标 3. 管理指标 4. 其他专项指标	研发	①研发项目 ②技术先进性 ③商业价值	①研发项目数 ②技术专利数量、技术进步奖数量等 ③新产品销售收入占比	①基础研究 ②应用研究 ③研发资源配置及政府研发资金获取 ④技术战略联盟及专利保护	
	采购	①供应及时 ②品质合格 ③成本降低	①供应及时率 ②物料品质合格率 ③采购成本下降率	①采购 ②产品交付 ③库存管理	
	制造（含物料）	①产量 ②质量合格 ③制造成本降低 ④库存控制	①生产计划完成率 ②产品质量合格率 ③制造成本下降率 ④库存下降率	①设备改造更新 ②工艺改进、生产效率提升 ③产品质量改善 ④生产成本管理 ⑤物料计划控制	
	营销	①销量 ②客户开发 ③市场拓展 ④应收款催收	①销售收入 ②新客户开发数 ③新增市场领域 ④应收账款周转率	①市场细分 ②目标客户选择 ③渠道建设 ④品牌宣传 ⑤促销方针	
	人力资源	①量能 ②能力 ③工作激情	①到岗及时率 ②员工合格率 ③关键员工流失率	①人才的引进 ②培养 ③绩效管理 ④薪酬、激励	
	财务	①资金供给 ②预算与核算 ③成本控制	①资金供给及时率 ②预算管理准确性 ③成本控制计划完成率	①资金供给 ②财务管理 ③成本控制	
	设备	①设备配置 ②设备维护 ③设备保养	①设备配置使用率 ②设备维护及时率 ③设备故障次数		

续表

公司年度绩效指标（2015年）	各职能部门	主要的合理贡献	主要绩效指标	主要的措施	行动方案
	质量	①产品合格 ②返工减少 ③质量投诉减少	①产品合格率 ②返工下降率 ③质量投诉次数		
	信息	①信息情报收集 ②政府项目申报 ⑥专利申报	①信息情报收集的及时性、有效性 ②政府项目完成率 ③专利申报完成率		

再如，对员工胜任力的考核，原先采用的考核表是按该岗位的胜任力模型，把各项要素全部列出来评分。其好处是对员工的岗位胜任力是一个全面的评价。但从推动员工的胜任力提升来说，每个人应有所侧重，不能面面俱到。因而改用新的胜任力考核表，即由员工在对照岗位胜任力要素进行自我评估的基础上，选择迫切需要改进的项目，并制定年度的发展计划，经上级领导审核后列为年度胜任力考核项目，并明确考核的指标，以此作为中期跟踪和年终考核的依据。

总而言之，构建以胜任力为基础的人力资源管理新体系是贝特瑞公司适应战略发展的一种新的尝试。整个构建过程包括标准体系设计，管理制度制定、执行落实、总结优化等主要步骤。实践证明，人力资源管理新体系的模块与传统体系的模块大致相同，但在各个模块中都增加了新的元素，因而使各个模块的管理得到全面的提升。正是在这个意义上，说它是人力资源管理领域的一场变革，并不为过。

以胜任力为基础的人力资源管理新体系的构建，具有可复制性。一个企业或其他组织，只要认同上述理念，愿意按相应的程序及方法操作，就可以结合自己的实际，构建一个属于自己的以胜任力为基础的人力资源管理新体系，从而推动员工绩效的提升和组织绩效的提升。

"人事合一"与"胜任力管理"
来自实践的新理念、新方法

第二节 《胜任力管理手册》的编写

公司的《胜任力管理手册》，实际上就是公司的人力资源管理手册，其作用在于为公司提供一个胜任力的标准体系和一个基于胜任力模型的人力资源管理新体系，推动人力资源管理的全面升级。

手册的主要内容分为两个部分。第一部分"胜任力标准体系"的内容为岗位序列划分表的设计和各种岗位胜任力要素的确认，重点在确认核心胜任力要素、通用胜任力要素、专业胜任力要素。第二部分"胜任力管理制度"的内容为制定胜任力管理制度的目的和胜任力管理制度的基本内容，重点在建立基于胜任力模型的人力资源管理办法，包括人才选用管理办法、人才培养管理办法、绩效管理办法、薪酬管理办法。

一、公司胜任力标准体系的设计

（一）设计目的

企业的战略发展，必须以人才发展作为支撑。公司的战略发展必须有管理人才、专业技术人才、技能人才三支队伍的人才梯队建设作为支撑，而人才梯队建设的基础就在于为各个岗位序列的各个层次的各个岗位设立胜任力标准。只有建立了胜任力标准体系，才能构建一个以胜任力为基础的人力资源管理新体系，实现人力资源管理的全面升级，从而推动人才发展和公司业绩的增长。公司胜任力标准体系是公司各岗位序列胜任力标准的汇总，是公司各岗位序列胜任力要素的数据库。

（二）设计方法及内容

胜任力标准体系的设计，首先是进行岗位序列划分，其次是选择胜任力模型，再依据胜任力模型对核心胜任力要素、通用胜任力要素和专业胜任力要素进行确认。

1. 岗位序列划分

岗位序列划分首先是划分类别，其次是划分序列，再划分每个序列的层次和岗位。

以管理类岗位序列为例。

管理类的岗位序列划分表

研发管理	采购管理
决策层管理人员：分管副总／总助／总工	决策层：分管副总／总助
高层管理人员：研究院院长、技术支持中心总监、测试应用中心总监	高层：供应链中心总监
中层管理人员：各研发部门主任	中层：采购部经理、物料部经理
基层管理人员：各研发项目组长	基层：采购部主管
一线管理人员	一线
生产管理	**营销管理**
决策层：分管副总	决策层：分管副总／总助
高层：供应链中心总监	高层：营销总监
中层：生产部经理、工程部经理、品质部经理	中层：市场部、国内营销部、国外营销部、商务部经理
基层：上述各部门主管	基层：销售主管
一线：车间主任、工段长、生产班长	一线
人力资源管理	**财务管理**
决策层：分管副总／总助	决策层：分管副总／总助
高层：管理中心总监	高层：财务中心总监
中层：人力部经理	中层：财务经理
基层：人力部主管	基层：财务主管
一线	一线
信息管理	**品质管理**
决策层：分管副总／总助	决策层：分管副总／总助
高层：战略中心总监	高层：供应链中心总监

附表

中层:信息部经理	中层:品质部经理
基层:信息部主管	基层:品质部主管
一线	一线

2. 选择胜任力模型

胜任力模型可以有多种选择，我们选择的模型为：核心胜任力要素 + 通用胜任力要素 + 专业胜任力要素。

核心胜任力要素基于公司的使命、愿景和价值观，是公司每一位员工都应具备的胜任力；通用胜任力要素基于各个岗位序列共通的素质能力要求，适用于序列内的所有职位，但由于各职位所处的层级不同，因而各个要素要达到的层级标准也不同；专业胜任力要素基于各个岗位特定的知识技能要求，仅适用于特定的岗位。

3. 确认核心胜任力要素

以下为某公司在设计胜任力标准体系时确认的核心胜任力要素。

核心胜任力要素表

核心要素		释义
1	坚持	1. 在困难和挫折面前永不放弃
		2. 坚持必胜的信念和不懈的奋斗
		3. 信守对客户、对合作伙伴、对同事的承诺
2	尊重	1. 尊重每个人的价值和个性
		2. 尊重员工的创意和构想,释放每个人的能量
		3. 尊重事物发展变化的规律,大胆假设、小心求证
3	追求	1. 追求个人目标与公司使命的融合,与公司共同成长、共同进退
		2. 追求不断的超越自我,实现人生的价值
		3. 追求工作与生活的平衡,努力工作,快乐生活

续表

核心要素		释义
4	创新	1. 积极开展产品创新、技术创新、服务创新、管理创新等活动 2. 打破原有思维习惯，引进新的思维方式，实现思维上的创新 3. 以学习促创新，把学习、学习、再学习作为一种生活方式

4. 确认各序列通用胜任力要素

以下为管理类岗位序列的通用胜任力要素。

管理岗位序列通用胜任力要素表

序列通用要素	定义	层级	层级标准	各职级的要求				
				决策层	高层	中层	基层	一线
成就导向	希望工作杰出或超出优秀标准。追求独特的成就或创新	1	要把工作做好：努力把工作做好或做对。也许有对浪费或低效率的受挫感，却没有带来具体任何改进	•	•	•	•	•
		2	自创杰出衡量标准：采用自己具体衡量结果的方法。专注于某些新的或更确切的方法以达到管理目标	•	•	•	•	
		3	业绩有改善：对某系统或自己个人工作方法做出具体改变以改进业绩（即把某事做得更好、更快、更省、更有效；改善其质量、客户满意度、精神面貌、收益）	•	•	•	•	
		4	为达到有难度的目标而努力："有难度"即仅有50%的机会达到目标、有50%的可能失败。其努力是超常的，却又不是不实际或不可能的	•	•	•		
		5	做成本-效益分析：在仔细计算过投入和产出的基础上做决定，对潜在利润、投资盈利率或成本效益分析做详细明确考虑	•	•			
		6	明知有风险仍一往无前：为提高效益调动最大资源或时间	•				
		1	运用基本规则：运用"经验法则"、常识确定问题所在。当目前情况与过去情况一模一样时可立刻明白其关键所在	•	•	•	•	•

续表

序列通用要素	定义	层级	层级标准	决策层	高层	中层	基层	一线
归纳思维	有能力确认那些不明显相关事物的规律或关联，发现关键或潜在的问题	2	可看出类比模式。当目前的情况类似于过去的情况时，可辨认出其相似性	•	•	•	•	•
		3	可运用复杂的概念：运用理论知识或过去观察到的一些变化规律看待当前的局势	•	•	•		
		4	可把复杂数据或情况澄清：可把复杂的观点或情况清楚、简单或易于理解地呈现出来。归纳所有的观点、问题和观察事实，用一个清楚、有用的说法代之。用简单得多的方式重新叙述现有的观察事实或知识	•	•			
		5	创造出新概念：为解释某情况或解决某问题，可创造出新的概念，而那些概念他人看不出，也不是从过去教育或经历中所学到的	•				
演绎思维	喜欢把事物拆分成小块小块来理解，或用步步推进的方法对事物进行解剖。进而对不同特性或方面进行系统比较；理性地制定出先后对策	1	拆分问题：把问题拆分成一系列小任务或活动。列小项目时没有轻重缓急排列或先后秩序排列	•	•	•	•	•
		2	可见基本关系：把问题拆分成小块。用一个链条把各个小块联系起来：A 导致 B；可分为两部分：正面和反面。根据重要性把各任务列出轻重缓急来	•	•	•	•	
		3	可见多重关系：把问题拆分成小块。划分出多重因果链条：事件的几个潜在原因，行为的几个必然结果，或事件的多方因果关系链（A 导致 B 导致 C 导致 D）。对一个问题或局势的诸多方面分析其相互关系。对障碍有前瞻性，提前考虑该进行的步骤	•	•	•		
		4	做出复杂的计划或分析：采用几种分析技巧把复杂的问题拆分成各种组成部分。再利用几种分析技巧确定出几个解决方案并权衡其利弊	•				
		1	有问必答：对顾客的询问、要求和抱怨做出答复；使服务对象了解到项目进展的最新情况	•	•	•	•	•

续表

序列通用要素	定义	层级	层级标准	各职级的要求				
				决策层	高层	中层	基层	一线
服务精神	帮助顾客和为客户服务的愿望及行动,努力发现并满足客户的需求	2	保持沟通:清楚了解顾客提出的要求,主动让顾客了解自己提供的服务内容;注意观察顾客对服务是否满意;主动为顾客提供自己认为是有用的资料和消息;保持友好热情的服务态度	•	•	•	•	•
		3	亲自负责:主动承担责任,采取行动解决为顾客服务中出现的问题;迅速及时地解决问题,不推诿,不拖延,即使不是自己的过错造成的问题,也能立即采取行动为顾客解决问题,而不是先追究责任	•	•	•	•	
		4	超常服务:时刻准备为对方服务,特别是当顾客处于很困难或很关键的时刻	•	•	•		
		5	专业参谋:在对顾客所面临的问题或客户的业务有透彻的了解的基础上,能够从专业角度出发搜集信息,帮助顾客发现真正的需要,并采取行动为顾客服务	•				
		6	战略伙伴:从客户长远发展的角度出发,和顾客一起进行研究,制定解决一个问题的方案。为了客户的长远利益,放弃自己的短期利益(因为把自己看作顾客的战略伙伴,决定了顾客得益,自己也会收益;作为一个值得信赖的顾问;主动介入客户的决策过程;针对客户的需要、问题和机会等提出自己的独立见解和观点,并且,可能根据自己的观点采取帮助顾客的行动	•				
人才培养能力	在需求分析的基础上,制定实施长期培养人才的计划。关键在于培养人才的意愿和影响力	1	对别人表达正向期待:对他人的发展趋势做正面的肯定:现在所具有的和将来所期待的能力或面对困难的潜力,相信别人也想且能学习或改进他们的业绩	•	•	•	•	•
		2	提供如何做的指示:提供详细的指导或如何做的演示,告诉别人如何完成任务,提出具体、有益的建议	•	•	•	•	•
		3	解释原因、提供帮助:在做指示或演示时,解释其原因或理由,为使下属的工作简化,提供实用的支持或帮助(即,主动提供其他资源、工具、信息、专家建议等)。采用提问、测试或其他方法确认自己的的解释或指导已被理解	•	•	•	•	

061

续表

序列通用要素	定义	层级	层级标准	各职级的要求 决策层	高层	中层	基层	一线
		4	为了鼓励他人有意给出正面反馈：为达到培养他人的目的，给出具体正面的或正反面的反馈，在别人受到挫折时给予安慰，用行为而不是言语给出否定反馈，对未来表现提出正面期待或给予个性化的建议以改进工作	•	•	•		
		5	参与长期培训或指导计划：为达到培养人才的目的安排合适的工作、正式培训或其他活动，让受培养者自己得出解决问题的答案，以便他们理解问题产生的原因，而不是简单地告知其正确答案	•				
监控能力	以公司长期利益为重，适当并有效地利用个人权力或个人地位使他人的行为与自己的愿望相符	1	需监控别人：需适当监控，让别人能清楚地了解自己的要求和目标。把例行工作一项一项地分派给他人，以便腾出自己做更重要或更长远的目标	•	•	•	•	•
		2	确立限度：对无理要求能坚决地说出"不"，对他人的举止有自己的判断限度，能利用环境限制他人的可选性，或强迫他人提供希望获得的支助	•	•	•	•	
		3	要求杰出业绩：单方设立标准，高线要求业绩、质量或支助；用"少说废话"的风格坚持自己的命令或要求	•	•	•		
		4	保持可见业绩标准：侵犯性地（或公开地）用清晰的标准监控业绩表现（例如：把个人目标与销售结果公之于众，并用红色标明其差距）	•	•	•		
		5	让人对自己的业绩负责：不断用标准衡量个人业绩，强调其后果，并直接指出其问题所在	•	•	•		
灵活性	能够适应环境的变化并在变化中有效工作与不同个人和群体相处、合作并出色完成任务	1	愿意变通：面对新的信息或相反的证据，愿意改变自己的观点和想法；理解他人的观点和想法	•	•	•	•	•
		2	灵活执行：为了完成任务或达到组织的目标，适当地对正常的工作程序或规章制度做临时调整以适应某种特殊情况	•	•	•	•	
		3	战术调整：不受常规惯例的限制，根据具体情况和条件决定所需要采取的行动；保留整体计划和原定战略不变，但根据客观情况来调整实施的方法和步骤；通过行动去适应情况或某人	•	•	•		

续表

序列通用要素	定义	层级	层级标准	各职级的要求				
				决策层	高层	中层	基层	一线
		4	战略转变:对工作计划、行动计划、预期目标或特定项目进行全面的修改和调整以适应具体环境的要求;为了适应某特殊情况的需要,对组织做局部的和暂时的调整	•	•	•		
		5		•				
人际影响能力	能说服、影响和打动别人(个人或团体)以获取支持关键在于对他们有深刻了解	1	表明影响的意愿:表现影响他人的意图;表达出对名誉、地位的关注,但没有采取任何具体的行动	•	•	•	•	•
		2	直来直去法:在讨论或演示的过程中采用单一、直接的方法或论据进行说服;可能采用讲大道理、数据、指出对别人切身利益的影响等来说明;可能使用具体的例子、视觉效果、做演示等来说明;这一层级还没有主动考虑到如何让自己去适应被影响对象的兴趣和水平	•	•	•	•	•
		3	简单多元法:对被影响对象采用两个以上的步骤或论据进行说服,但仍然没有考虑到如何依据对象的水平和兴趣来针对性地施加影响;认真仔细地准备报告用的数据;在讨论或报告时能提出两种以上的论据	•	•	•	•	•
		4	对症下药法:调整报告或讨论的形式及内容,使之适合被影响对象的兴趣及水平;估计某个具体的行动或细节对自己在别人心目中形象的影响;采用经过周密思考的、戏剧性的或异乎寻常的举动以期对别人产生特殊的影响;期待并准备应付别人可能产生的反应	•	•	•		
		5	巧借方法:使用连环套的方法对目标施加影响;通过至少两个以上的步骤来施加影响,而且每个步骤都考虑到被影响对象的具体情况;借用专家或第三方来施加影响	•				
		6	大师手段:与关键人物结成政治联盟;采用幕后交易的方式获得支持;运用自己对群体成员和群体运作机制的深刻了解,引导一个群体按照自己的想法来行动以实现特定目标	•				

"人事合一"与"胜任力管理"
来自实践的新理念、新方法

续表

序列通用要素	定义	层级	层级标准	各职级的要求 决策层	高层	中层	基层	一线
收集信息	由于潜在的好奇和愿望促使想对某些事、人或问题有更多的了解。采用超出惯例或需要的办法达此目的	1	喜问问题：直接问别人有哪些人在那儿，或谁能对情况解释得最清楚，如那些直接参与却不一定真正在场的人。运用可见信息，或咨询其他可及资源	•	•	•	•	•
		2	亲自调查：亲自去调查某问题或某情况。找到与问题最接近的人并询问他们："到底发生了什么？"	•	•	•	•	
		3	更深入地挖掘信息：提出一系列尖锐问题以找到情况或问题的根子，或找到根子里潜在的机会。请教那些不直接涉及问题的人，得到他们的观点、背景信息、经验等。对最开始的回答不满足，要挖出事发的真正原因	•	•	•		
		4	做研究：在有限的时间内做出系统的努力以求获得所需的数据或反馈，或从特殊的出处做深入的调查。或通过报纸、杂志、计算机寻找系统或其他资源做正式研究，可包括市场、财经、竞争者对手的研究	•	•	•		
		5	运用自己的惯常系统：已亲自建立了一个持续不断的系统或习惯以获得信息（这里走走、那里看看的方法，定期的非正式的会议，或对特定出版物扫描等）包括指定几个人做定期信息收集	•				
主动性	认识到存在的问题，障碍或机会，采取有针对性的行动来处理问题，排除障碍，或追求机会	1	应声而动：认识到眼前的机会并主动采取行动；对现有的问题及时反应，包括克服现有的困难	•	•	•	•	•
		2	当机立断：在面对危机或时间紧急的情况下迅速果断地采取行动去处理问题；行动时带有压迫感，而不是像大多数人通常的反应，如："等一等""研究研究"，或指望问题会自行消失	•	•	•	•	•
		3	短期计划：提前一到三个月采取行动来创造机会或避免将来危机发生的可能性	•	•	•	•	
		4	中期计划：提前四到十二个月采取行动来创造机会或避免危机发生的可能性	•	•	•		
		5	长期计划：提前一到两年采取行动来创造机会或避免将来发生危机的可能性	•				

第三章 人事管理变革：从以岗位为基础走向以胜任力为基础

续表

序列通用要素	定义	层级	层级标准	各职级的要求				
				决策层	高层	中层	基层	一线
诚实正直	所行的与所说的一致。公开、直接地沟通自己的意图、观点和感觉	1	对于工作环境的态度坦诚：承认自己的否定想法（害怕、不安、畏惧等）或自己的错误。在不必要或缄口不说对自己更好时仍能谈出自己的想法	•	•	•	•	•
		2	所采取的行动与自己所相信的价值观一致：对得到信任感到自豪。在与客户的关系中保持诚实，确保对他人提供同样的服务	•	•	•	•	•
		3	当为难或有阻力时仍能照自己所信服的价值观行事：公开承认自己所犯的错误。即便可能会伤害老朋友仍要说出自己的观点	•	•	•		
		4	基于所信仰的价值观采取可能会造成大损失或冒险的行动：在交易中，确保绝无任何隐瞒，除该产品的优越性之外，还提及其成本价格或缺点。或当自己卷入不认同的某些不道德的商业行为时，能敢于提出离职。为了捍卫其信奉的价值，敢于对上级权势者提出挑战	•	•	•		
人际理解能力	能对他人未表达出或部分表达出的想法、感觉、关切点有准确认识与理解	1	理解情感或内容：对现有情感或明显内容有所理解，但却不是两者都能理解	•	•	•	•	•
		2	理解情感及内容：对目前情感和明显内容都理解	•	•	•	•	•
		3	理解意义：对当前的、未表达出或表达得拙劣的意义能理解；对当前未表达的思想、关切点或感觉能理解。或运用理解能力让其他人朝你希望的方向行事	•	•	•	•	•
		4	理解深层意义：对他人潜在问题有所理解，理解某人持续的或长期的感觉、行为或者关切之原因。或能提供他人具体的优缺点来衡量某对象	•				
		1	理解组织的正式权力结构：认识到或遵循组织正式的上下级隶属结构；了解命令的传递路径、职位的权力、规则、政策及办事程序等	•	•	•	•	•
		2	理解组织的非正式权力结构：认识到并能利用组织内非正式的权力结构；认识关键任务或决策影响者是谁；当通过正规渠道不能达到目的地时，利用这方面的知识去完成工作	•	•	•	•	•

065

续表

序列通用要素	定义	层级	层级标准	决策层	高层	中层	基层	一线
组织理解能力	理解自己所在组织或其他组织内部正式和非正式的权力分配结构。能够识别真正的决策者是谁、究竟是哪些人对决策过程有重要影响	3	理解组织的气氛和文化：认识到组织内不成文的或约定俗成的形式规范，在什么时候，什么样的位置上，可以做什么，不可以做什么；认识到并能运用组织的习惯做法和行话等以取得最佳的效果	•	•	•	•	
		4	理解组织的权力运作机制：能够认识到并/或提出造成现有组织行为的原因；认识到能够对组织产生影响的潜在问题、机会或外部政治力量、如目前的市场发展趋势、人口变化趋势	•				
献身组织精神	采取行动来推进组织目标的完成或达到组织的利益要求，优先考虑组织利益，并为此牺牲个人利益	1	融入组织：尊重组织的传统习惯做法，做符合期待的事情	•	•	•	•	•
		2	示范忠诚：愿意帮助别人完成他们的工作；尊重并认同上级认为是重要的事情；表达作为组织一员的骄傲、愉快和奉献精神；在外界面前维护或提高组织的信誉	•	•	•	•	•
		3	支持组织：采取支持组织的使命和目标的行为；根据组织的目标和需要来决定自己在工作中的选择和轻重取舍；与他人合作以实现更高一层组织的目标	•	•	•	•	
		4	牺牲个人：将组织利益置于个人利益之上，个人利益可以包括专业对口、个人喜好、家庭问题等；在对本部门的短期利益有损害或不被大家喜欢的情况下，支持对整个组织有益的决定和做法	•	•			
		1	能进行非正式接触：能与他人在工作环境之外进行非正式接触，包括就工作相关问题或孩子、运动、新闻等随意闲聊	•	•	•	•	

第三章 人事管理变革：从以岗位为基础走向以胜任力为基础

续表

序列通用要素	定义	层级	层级标准	决策层	高层	中层	基层	一线
关系建立	能与人建立或保持友好、互利、良好的关系或关系网	2	建立融洽关系：能在朋友和熟人中建立或保持一个广泛的融洽圈。能与同行、客户或其他俱乐部的朋友们保持友好的关系	•	•	•	•	•
		3	建立社交关系：提议举行晚会、郊游或其他特殊聚会以改善或加强相互关系。积极参与现有的社交关系活动	•	•	•	•	
		4	建立个人之间的友谊：友谊的建立包括谈及个人的一些隐秘以建立或保持融洽的关系。承认在取得某项业务目标时某位自己的朋友或熟人的贡献	•	•			
		5	建立坚固的个人之间友谊：其友谊的坚固性往往可通过某位朋友为了自己业务目标的顺利达到所给予的支持与帮助，甚至代表自己所从事的业务推进工作	•				
自信心	自信有能力完成某项任务和采用某种有效手段解决问题。特别在问题难度加大时表现出对自己决定或判断的自信	1	自信地表现自我：工作不需督导，外貌举止自信，有较强表现自我欲望	•	•	•	•	•
		2	独立自主地行事：尽管其他人不同意，也不再征求意见便做出决定，表现出某种权威力量	•	•	•	•	
		3	对自我能力颇为自信：视自己为专家，视自己为推动某事发生发展的主要动力或源头，认为自己比别人强，明确表示对自我判断的自信	•	•	•		•
		4	选择挑战或矛盾：喜欢富于挑战性的工作。挑战能激起他的亢奋，希望寻求新的责任，当与管理层、与客户或其他人意见相左时能说出自己不同观点，且用礼貌的方式清晰、自信地陈述自己的观点。对矛盾的处理方法也一样	•	•	•		
		5	选择特别富有挑战性的工作：对管理层或客户可以表现得直率，或心甘情愿地接受特别困难的任务（例如：对个人非常冒险的任务）	•	•			

"人事合一"与"胜任力管理"
来自实践的新理念、新方法

续表

序列通用要素	定义	层级	层级标准	各职级的要求				
				决策层	高层	中层	基层	一线
团队领导能力	有意做一组人或一群人的领导。往往以一个正式的权威位置来体现，尽管不一定全是这样	1	能有效地安排会议：明确会议议程、目标、控制时间、分配任务等	•	•	•	•	•
		2	确保人们得知必要信息：在领导位置上，确保人们知道哪些工作在进行，做了什么决定等，即便这些人不一定非知道这些消息不可。确保本组人掌握所有必要信息，解释做某项决定的理由	•	•	•	•	
		3	增强团队的工作效率：作为领导能采用有效的策略来提高团队的士气和工作效率。包括建立团队精神的行为以提高团队工作效率	•	•	•		
集体合作精神	愿意与他人合作，作为某团体的一份子去共同完成一项任务	1	合作：自觉自愿参与、支持团队决定，是一名"好队员"，能做好自己的那部分工作。作为团队一员，能够就工作进度、每人工作或影响事件告诉其他伙伴，共享相关或有用信息	•	•	•	•	•
		2	表达对团队的正向期望：对他人的能力、应该贡献的方面等做出正向期待表示，用赞许的口气谈及团队成员，表现出理智及对他人智慧的尊重	•	•	•	•	
		3	求助：真的看重他人的观点和才能，愿意向别人学习（包括下属和同级人员）。为了某项具体决定或计划能尽量向他们索取看法和观点。改善团队合作	•	•	•	•	
		4	鼓励他人：公开称赞那些业绩好的人，鼓励并增强他们的形象，使他们自己也觉得不错、重要	•	•	•		
		5	建立团队精神：主动营造友好气氛和合作精神，解决团队矛盾，保护/提高团队在外人眼里的声誉	•	•	•		

注1：本管理岗位序列通用胜任力要素是根据本企业的情况，借鉴 Hay/McBer 公司 1996 年版分级素质词典而制定的。Hay/McBer 公司的分级素质词典是世界范围内迄今为止经透彻研究后最好的管理者胜任力素质词典。它集 20 多年素质研究之精华，在世界范围内的杰出者

身上得到过验证，其有效性经历过多种经验的不断确认。

注2：每个要素的层级划分，最低1级的标准为底线，往上各级的标准为该级标准和该级以下标准的叠加。如成就导向6级的标准为1、2、3、4、5、6级标准的叠加。

5. 确认专业胜任力要素

以下为管理类岗位专业胜任力要素。

管理类岗位序列专业胜任力要素表

岗位专业胜任力要素	门类	掌握程度	决策层	高层	中层	基层	一线
专业知识	各类管理岗位相关的专业知识，例如：财务经理须具备财务管理方面的相关知识、人力资源经理须具备人力资源管理方面的专业知识	精通	•	•			
		熟悉			•		
		了解				•	•
专业技能	各类管理岗位相关的专业技能，例如：财务经理须具备财务方面的专业技能、人力资源经理须具备人力管理方面的专业技能	精通	•	•			
		熟悉			•		
		了解				•	•

二、胜任力管理制度的编写

（一）编写胜任力管理制度的目的及方法

其基本方法是在原有制度流程的基础上导入新的元素。目的是在用人上实现"标准化"；构建以胜任力为基础的人力资源管理新体系，实现人才选用、人才培养和绩效管理、薪酬管理的全面升级；提升人力资源管理的整体效能。

（二）胜任力管理制度的主要内容

1. 基于胜任力标准的人才选用管理办法

（1）人力资源规划的制定。

①制定规划的目的：为公司实施战略规划提供人力资源方面的支持，满足公

"人事合一"与"胜任力管理"
来自实践的新理念、新方法

司特定发展阶段对人员总量及各类别人员的需求。

②制定规划的方法：借鉴人力资源规划的相关理论、方法、经验，结合公司的实际情况进行制定。具体操作按下列步骤：

a）收集相关信息，对现有的人力资源状况进行盘点，包括对人员总量和各类别人员的性别结构、年龄结构、学历结构、职称结构及业绩、胜任力考核结果进行统计，形成特定发展阶段人力资源状况统计表。

b）人员需求预测，采用人员配置模型和经验测算等方式，对公司特定发展阶段需求的人员总量和各类别人员的数量及比例进行测算。形成公司人员总量需求测算表和各类别人员的数量及比例测算表。

c）人员供给预测。根据现有在岗人员状况统计表、各类关键人才储备图、各类人员流失率统计表等资料对企业内部所能提供的人力资源进行预测，测算方式为：内部供给人员 = 现岗人员 + 储备人员 – 流动人员。

d）对比公司人才需求和内部供给的数据，形成公司人才供给缺口预测表。

e）根据对供需情况及缺口的预测，制定特定发展阶段公司的人力资源规划，规划的主要内容包括：人才引进计划、员工培养计划、职务晋升计划和职称评审计划等。

（2）人才的选用及配置（略）。

2. 基于胜任力标准的人才培养管理办法

新的人才培养管理办法强调"深开发"。根据岗位所要求的素质特征，注重知识、技能培训，更注重潜能开发，使得培训工作更加有效，更可以控制培训成本，发挥培训经费的最大效用。

（1）知识、技能培训的基本途径与方法（略）。

（2）潜能开发的基本途径与方法。

①职业兴趣的提升。

a）对应聘对象进行职业倾向的测试；

b）对职业倾向与所任工作不一致的员工，有条件调整工作的可适当调整工作，没有条件调整工作的，可通过辅导，调整其心态。

②自信心的增强。

a）对应聘对象进行自信心的测试；

b）强化员工激励，对员工多表扬、少批评，使其不断增强自信心，积小胜为大胜。

③人格特质的调整。

a）对应聘对象的人格特质进行测试；

b）根据员工的人格特征和岗位工作的适应程度，鼓励、支持员工对人格特质进行适当调整。

④动机需要的调整。

a）对应聘者的动机需要进行测试；

b）对动机需要与所在组织的价值理念不相符的，加以引导，要求其调整自己的价值观，使自己的价值追求能和所在组织的目标相融合。

（3）后备人才培养的方式（略）。

（4）职称评定的办法。

新入职的工作人员，按招聘时所确定的岗位认定其专业技术职务或技能职务。试用期满后，在公司组织职称评定时，可申请参加职称评定（公司一般每年组织一次职称评定）。

①评定标准。

职称评定标准的基本框架为：胜任力标准＋专业经验标准＋专业成果标准。

a）胜任力标准：

以该岗位的胜任力标准为评定标准，包括公司核心胜任力要素、序列通用胜任力要素和岗位专业胜任力要素。其中，岗位胜任力要素包括专业知识、专业技能（公司对各个岗位确定相应的知识、技能门类及掌握的程度）。

b）专业经验标准：

专业技术人员的专业经验标准

资深xx师级	评定高级工程师级满3年
高级xx师级	博士毕业从事专业工作满1年；评定工程师级满3年
xx师级	研究生毕业从事专业工作满1年；评定助理工程师级满3年
助理xx师级	本科毕业从事专业工作满1年；评定技术员级满2年
xx员级	大专毕业从事专业工作满1年；高中、中专毕业从事专业工作满3年

注1：工作成果及工作表现特别突出的，可不受专业经验标准的限制。

注2：

a）xx员级包括销售员、人力资源管理员等各个序列的同一级别；

b）助理xx师级包括助理销售工程师、助理人力资源管理师等各个序列的同一级别；

c）xx师级包括销售工程师、人力资源管理师等各个序列的同一级别；

d）高级xx师级包括高级销售工程师、高级人力资源管理师等各个序列的同一级别；

e）资深xx师级包括资深销售工程师、资深人力资源管理师等各个序列的同一级别。

技能人员的专业经验标准

资深xx工级	评定高级工满3年
高级xx工级	本科毕业从事专业工作满1年；评定中级工满3年
中级xx工级	大专毕业从事专业工作满1年；评定初级工满3年
初级xx工级	高中、中专毕业从事专业工作满1年

注1：工作成果及工作表现特别突出的，可不受专业经验标准的限制。

注2：

a）初级xx工级包括初级车工、初级焊工、初级钳工、初级嵌线工、初级装配工、初级检测员等；

b）中级xx工级包括中级车工、中级焊工、中级钳工、中级嵌线工、中级装配工、中级检测员等；

c）高级xx工级包括高级车工、高级焊工、高级钳工、高级嵌线工、高级装配工、高级检测员等；

d）资深xx工级包括资深车工、资深焊工、资深钳工、资深嵌线工、资深装配工、资深检测员等。

c）专业成果标准：

绩效考核成绩：近两年绩效考核等级在B以上。

实际工作成果：主持或参与的科研项目或策划方案获得成功，并达到相应级别的标准。

理论成果：申报研发序列的高级职称的申请人，需作为发明人获得专利或软件著作权至少1项，或在专业的核心期刊发表论文至少1篇（特殊情况经公司领导批准，可免交理论成果）。申报其他职称的，可不要求理论成果。

②评定程序。

a）申请人填写职称评定申报表。

b）申请人所在部门的负责人在其申报表中填写评价意见。

c）人力资源管理部门审核申报表，认定其是否具备相应的专业经验。

d）人力资源管理部门和专业部门共同组织专业知识、专业技能方面的考试。

e）由专业评审小组对申请人进行评审，评审内容包括核心胜任力要素、通用胜任力要素和专业成果（评审前申报人以述职的方式进行自我评价）。

f）由公司领导对评审结果进行审核。

③评审机构。

a）专业评审小组：设立5个专业评审小组，具体分为管理类、技术类、专业类、营销类、技能类5个专业评审小组，评审小组成员由内/外部专家2～3人、申请人所在部门负责人、公司分管领导和人力资源管理部门专业人员组成。专业评审小组成员名单由人力资源管理部门提出，报公司领导批准。

b）人才战略委员会：由公司董事长、总经理、副总经理、总经理助理、总监、副总监组成。

④评定结果应用。

评定结果达标的，可评定相应的职称，并享受相应的薪酬待遇。

（5）任职资格认证办法。

新入职的管理人员，按招聘时所确定的岗位认定其管理职务，试用期满后，经考核合格，可确认其具备相应级别的任职资格。

公司一般每年组织一次管理人员任职资格认证，具备条件的管理人员及其他员工均可依据认证办法的有关规定，申请参加管理人员任职资格认证。

一般情况下，获得一定级别的任职资格方可参加相应级别的岗位竞聘或提升相应级别的职务；未获得一定级别的任职资格的，不得参加相应级别的岗位竞聘或提升相应级别的职务。特殊情况须经人才战略委员会特批。

①任职资格等级的划分。

管理人员任职资格分为五个等级（一、二、三、四、五级资格）。

任职资格等级划分表

管理一级任职资格	胜任力标准、管理经验标准、管理成果标准均达到一级水平
管理二级任职资格	胜任力标准、管理经验标准、管理成果标准均达到二级水平
管理三级任职资格	胜任力标准、管理经验标准、管理成果标准均达到三级水平
管理四级任职资格	胜任力标准、管理经验标准、管理成果标准均达到四级水平
管理五级任职资格	胜任力标准、管理经验标准、管理成果标准均达到五级水平

第三章
人事管理变革：从以岗位为基础走向以胜任力为基础

任职资格与管理职务的对应关系：

任职资格与管理职务的对应关系表

管理一级任职资格	决策层管理人员（董事长、总经理、副总经理、总经理助理）
管理二级任职资格	高层管理人员（总监、副总监）
管理三级任职资格	中层管理人员（部门经理、副经理）
管理四级任职资格	基层管理人员（主管、项目经理）
管理五级任职资格	一线管理人员（班长、组长）

②管理人员任职资格标准。

管理人员任职资格标准的基本框架：胜任力标准＋管理经验标准＋管理成果标准。

a）胜任力标准：

指管理岗位的胜任力标准，包括核心胜任力要素、通用胜任力要素和专业胜任力要素。其中，岗位专业胜任力要素包括管理类知识、技能（公司管理理念、管理制度、管理办法等）。

b）管理经验标准：

管理经验标准表

管理一级任职资格	获管理二级任职资格满3年
管理二级任职资格	获管理三级任职资格满3年
管理三级任职资格	博士毕业从事管理工作满1年；获管理四级任职资格满3年
管理四级任职资格	硕士毕业工作满1年；获管理五级任职资格满3年
管理五级任职资格	本科毕业工作满1年；大专毕业工作满3年；中专（高中）毕业工作满5年

注：工作成果及工作表现特别突出的，可不受管理经验标准的限制。

c）管理成果标准：

管理成果标准表

管理一级任职资格	近两年绩效考核等级在 B 以上
	且主持公司某领域的管理变革项目或参与公司全局性的变革项目（至少1项），并获得成功
管理二级任职资格	近两年绩效考核等级在 B 以上
	且主持公司某部门的管理变革项目或参与公司某领域的变革项目（至少1项），并获得成功
管理三级任职资格	近两年绩效考核等级在 B 以上
	且主持部门内某一模块的管理变革项目或参与公司某部门的管理变革项目（至少1项），并获得成功
管理四级任职资格	近两年绩效考核等级在 B 以上
	且对公司或部门的管理变革提出合理化建议（至少一项），并获得采纳
管理五级任职资格	近两年绩效考核等级在 B 以上
	且对部门或部门内的某一模块的管理变革提出合理化建议（至少一项），并获得采纳

注：工作成果及工作表现特别突出的，可不受管理成果标准的限制。

③管理人员任职资格认证程序。

a）申请人填写管理人员资格认证申报表。

b）申请人的直接上级领导在其申报表中填写评价意见。

c）人力资源管理部门审核申报表，认定其是否具备相应的管理经验。

d）人力资源管理部门组织管理类知识、技能（公司管理理念、管理制度、管理办法等）考试。

e）由专门评审小组对申请人进行评审，评审内容包括核心胜任力要素、通用胜任力要素和管理成果（评审前申报人以述职的方式进行自我评价）。

f）由人才战略委员会对评审结果进行审核。

④评审机构。

a）专门评审小组：设立1个专门评审小组，评审小组成员由内/外部专家2～3人、申请人的上级领导（包括直接领导和间接领导）和人力资源管理部门负责人组成。专门评审小组成员名单由人力资源管理部门提出，报人才战略委员会批准。专门评审小组负责对申请人的核心胜任力要素和序列通用胜任力要素进行评分，并对申请人的各项考核结果进行综合评价，提出各位申请人是否达标的评价意见。

b）人才战略委员会：人才战略委员会负责对专门评审小组的评审结果进行审核，并提出审核意见。

⑤管理人员任职资格认证结果的应用。

a）认证结果达标的（考评结果80分及以上），可作为相应级别管理岗位的储备人员，纳入该岗位的继任者计划，并获得更多的培训机会。

b）认证结果达标的，可参与相应级别管理岗位的竞聘。受聘担任相应级别管理岗位的，可享受该岗位的薪酬待遇；未受聘担任相应级别管理岗位的，薪酬可获得适当提升。

（6）教练制试行办法（略）。

（7）导师制实行办法（略）。

（8）师徒制实行办法（略）。

3. 基于胜任力标准的绩效管理办法（略）

4. 基于胜任力标准的薪酬管理办法

（1）总则（略）。

（2）薪酬体系。

根据岗位序列的划分以及各序列的相关性和特殊性，薪酬体系划分为六个体系，具体包括：管理类人员薪酬体系、技术类人员薪酬体系、专业类人员薪酬体系、营销类人员薪酬体系、技能类人员薪酬体系、事务类人员薪酬体系，各个体系都有相应的薪酬标准表。

（3）薪酬结构。

员工的基本薪酬结构为：

基本工资 + 绩效工资 + 奖金 + 补贴 + 福利。

①基本工资。

基本工资按照职位类别、等级确定相关基本工资标准，在职位不发生变化的情况下，根据员工职位胜任情况及做出的贡献，其薪酬档次可获得提升。对于一人兼任多岗位的员工，采取"就高不就低"的原则进行定薪。

②绩效工资。

绩效工资与员工绩效考核的成绩及评定的等级挂钩，其计算公式是以该岗位的绩效工资基数（见薪酬标准表）乘以绩效考核等级的系数。各绩效考核等级对应的绩效工资系数如下：

绩效考核等级	绩效工资系数	绩效等级比例	备注
A:优秀	1.5	20%	
B:一般	1	70%	
C:较差	81分以上,绩效系数0.9 71~80分,绩效系数0.8 61~70分,绩效系数0.7 60分以下,绩效系数0.5	10%	连续2次考核结果均为C类员工,则视为不胜任岗位,公司将给予培训,培训之后考核结果仍为C类员工,给予辞退

③奖金。

a）公司年终奖金是指根据公司经营效益而提取的奖励性薪酬。公司根据年度经营情况、年度考核结果及利润增长幅度，确定当年年终提取年度奖金的额度，再分配给在职员工。这是公司在取得一定整体经营效益基础上对员工的一种激励。年度奖金发放与员工年度考核结果、员工该年度在岗工作时间、员工职位等级、员工所在部门绩效达成情况挂钩。具体操作办法参照公司奖金管理相关制度执行。

b）公司还设立专项奖金。专项奖金是公司为完成特定任务而灵活设置的奖金，包括政府项目申报奖、知识产权成功奖、研发项目完成奖、质量成本奖等。具体奖励办法由相关部门提出，经人力资源管理部门审核后报公司领导审批后，出台详细实施细则之后予以执行。

c）公司设立评先奖金，包括先进员工奖、最佳新人奖、最佳成长奖、最佳服务奖、技术创新奖、生产能手奖、学习标兵奖、最佳绩效奖、先进部门奖、销售标兵奖、集团奖项、持续服务奖及其他特殊奖。各评先奖金的操作办法参照公司出台的相应管理规定执行。

④补贴。

a）政策性补贴：是指按照国家法律法规所规定的特殊工作岗位、特殊工作时间的政策性补贴，如高温补贴。具体操作办法参照当地政府相关政策标准执行。

b）岗位津贴：生产一线管理人员如车间主管、班组长可享受相应的岗位津贴，岗位津贴包括车间主管津贴、班组长津贴等，具体操作办法参照一线员工薪酬管理相关制度执行。

c）通信费补贴：已办理转正手续的主管级以上人员及特殊岗位特批人员可享受通信费补贴，具体操作办法参照集团相关规定执行。

d）交通补贴：已办理转正手续的主管级以上人员及特殊岗位特批人员可享受交通补贴，交通补贴包括车辆折旧补贴、小车汽油补贴等，具体操作办法参照集团相关规定执行。

⑤福利。

a）法定福利：包括假期（法定节假日、病假、事假、婚假、丧假、产假、年假、工伤假、护理假），保险（养老保险、医疗保险、失业保险、工伤保险、生育保险），住房公积金。具体操作办法按照国家、地方法律法规和宝安集团相关规定执行。

b）企业福利：包括体检、集体宿舍、节日礼品、生日派对、团队建设活动经费、企业文化活动，具体操作办法参照福利管理相关规定执行。

（4）薪酬标准的确定。

①工资等级的确定。

a）根据员工所在岗位、职级确定对应的薪酬等级及档次。

b）新员工结束试用期或实习期后，由部门经理根据其在试用期中的表现，提出正式任职的工作岗位，经人力资源管理部门核定相应的工资级别，报领导审批后执行。

c）平级调动如前后岗位在同一薪酬体系内，保持工资级别不变，如不在同一薪酬体系内，则按新体系的标准，重新确定薪酬标准。

d）所有岗位的薪酬标准，一般不低于该岗位薪酬等级的最低值，也不高于最高值。

②协议薪酬（特岗特薪）。

公司针对特殊人才、临时聘用人才，可采用协议薪酬。协议薪酬的内容必须包括对该员工的绩效考核方式和考核成绩与薪酬挂钩的方式。

（5）薪酬核算（略）。

（6）薪酬发放（略）。

（7）薪酬管理。

①管理机构。

a）人力资源管理部门：主要职责是负责薪酬管理制度、流程和薪酬方案的拟定与优化，负责员工薪酬的预算与每月工资表的制定，并享有薪酬管理制度的解释权。

b）财务部：主要职责是审核人力资源部门制定的工资表，经领导审批后，支付薪酬并核算、缴纳税金。

②薪酬审批权限。

公司董事长、总经理负责审批并发布公司薪酬政策和管理制度，审批或核准各项薪酬发放。

HAPTER4
第四章

人才管理：从经营"事"走向经营"人"

"人事合一"与"胜任力管理"
来自实践的新理念、新方法

第一节　学习曾国藩、韦尔奇，提升经营"人"的能力

现实生活中，我们常常遇到这种情况，一旦某一组织的业绩不佳，当领导的总是埋怨说："没有办法，人才缺乏啊！"或者说："部属就这个水平，未能帮得上忙，有什么办法呢？！"

然而，实际情况是不是这样呢？我就见过这样一位下属企业的领导，他也是在我面前抱怨人才缺乏，部属水平低，而我所了解到的实际情况却是，与当地同类企业相比，该公司人才不缺，部属水平也不低，问题在公司的用人机制，在公司领导人的用人能力。该公司的员工列举了这样的一些事实：就本公司所拥有的人才数量与水平和别的公司相比，我们占有优势，可业绩就是比不上人家；有的员工，原先在本公司工作时默默无闻，犹如一条虫，而到了别的公司却干得有声有色，犹如一条龙。究其原因，别的公司为人才的成长与发挥创造了一个良好的环境，其公司领导充分尊重人才，善于从员工身上吸取有用的意见与建议，群策群力，因而推动公司业绩的提升，而我们属下的这家公司，领导已习惯于独裁的管理风格，部属不敢独立发表意见，往往是看领导的脸色说话，有时即使提出了一些专业性的有用意见，因不被采纳也是白搭。在这种环境下，人才再多，也只有一个脑袋发挥作用。这个脑袋即使很聪明，但怎么比得上人家群策群力的十个脑袋呢？可见，就一个组织而言，拥有人才是重要的，而建立良好的用人机制显得更为重要。而建立良好用人机制的关键就在于提升领导者的用人能力，或者说提升领导者经营"人"的能力。

在提升经营"人"的能力方面，曾国藩和韦尔奇是值得我们学习的。他们两人，一位是古人，一位是洋人，但都是经营"人"的大师级人物。曾国藩能够成就一生的功业，得到近百年间许多杰出人物对他的顶礼膜拜，得益于他经营"人"的本领。韦尔奇能够成为全球第一CEO，《韦尔奇自传》能够成为"CEO的圣经"，

第四章
人才管理：从经营"事"走向经营"人"

也得益于他经营"人"的本领。国家经贸委经济研究中心主任、博士王忠明在深圳召开的一次人力资源管理研讨会上指出，《韦尔奇自传》是一本很好的人力资源管理教科书，企业的经营管理者都应该从中学习韦尔奇经营"人"的经验，特别是其选拔、培养接班人的经验。

综观曾国藩、韦尔奇经营"人"的经验，以下几点很值得各级经营管理者学习。

第一，办大事者必须把经营"人"作为自己的第一要务。曾国藩在《应诏陈言疏》中向皇上进言："用人、行政，二者自古皆相提并论……今日所当讲求者，惟在用人一端耳。方今人才不乏，欲作育而激扬之，端赖我皇上之妙用。"同治元年四月十二日，在《至沅弟》的信中，曾国藩特别提出："办大事者，以多选替手为第一义。"他告诉弟弟，统军一万八千人，总需要再有两个人能够统领，每人统五六千人，弟弟你亲率七八千人，然后可分可合。杏南之外，还有谁可以分统？这需早早提拔。办大事的人，多选替手第一重要。满意的人选择不到，姑且选差一点的，慢慢教育他就可以了。

韦尔奇作为通用公司的 CEO，既注重经营"产品"，也注重经营"人"，在某种意义上说，他也是把经营"人"放在第一位的，他把通用公司称为"生产人的工厂"，把《韦尔奇自传》第十一章的标题定为"人的企业"。他在文中谈道："我尤为注重把人作为 GE 的核心竞争力，在这一点上我倾注了比任何其他事物都多的热情。""我们造就了不起的人，然后，由他们造就了不起的产品和服务。"

上述可见，不论是曾国藩还是韦尔奇，作为办大事者，他们总是把"用人"和"理事"作为自己的两项基本职能，而在履行这两项基本职能的过程中，他们总是把"用人"，把经营"人"作为第一要务。他们深刻地认识到，办大事不可能靠一个人单打独斗，只有把"人"经营好，善用天下人的心智和能力，才能成就一番大事业。相比较之下，我们的一些经营管理者在这方面有比较大的差距，在对自己所承担的职能的理解上，他们往往是重视"理事"的职能，而不重视"用人"的职能，有的甚至是"见事不见人""见物不见人""见钱不见人"。这些经营管理者不妨自己反思一下，自己究竟有多少热情、多少时间、

"人事合一"与"胜任力管理"
来自实践的新理念、新方法

多少精力花费在对"人"的经营上？正是由于在经营"人"的问题上意识不强，用心不多，未能充分发挥每位员工的热情和优势，致使有的企业活力不足，经营效益不佳。

第二，办大事者要善于发掘人才。为了发掘朝中存在于各衙门的人才，曾国藩在《应诏陈言疏》中给皇帝出主意，要皇上务必使内阁、六部、翰林院等八大衙门的长官经常到官署中去接触属员，以求对属员的性情、心术一一了解。而皇上则要不时询问各衙门的长官，谁有才，谁正直，谁仅有小智，谁堪当大任。再经过考查核实，八衙门的人才就全活动在皇上的胸中了。他还提议皇上借奏折作为考核人才的工具。要求各省的道员写奏折议论地方利弊或时政的得失，让每个人都发表见解，相互比较参证，从中发现人才。而为了发掘在野的人才，他经常寄信请人出山，或是热情欢迎来宾，广招英雄豪杰，咨询高见妙法。有一次，从某处来的人提到一位绅士，说此人公正老成，被乡邻们竞相效法。为招此人入幕，曾国藩于咸丰三年九月二十四日发出了《招某绅士书》，信中提到，"大厦非一木所支，宏业以众智而成。苟其群贤毕集，肝胆共明，虽金石而可穿，夫何艰之不济？伏望足下即日束装来衡，藉慰渴思，兼贤商榷，幸勿以国藩为不足与道，裹足不前也。"其求贤若渴，由此可见一斑。他每到一处，都注意了解、发掘当地的人才，对各地的名流贤士，可谓如数家珍。他在咸丰三年十一月十八日《复江中源》的信中提到的皖中人才有吕鹤田、吴作如、李鸿章、何慎修、涂宗瀛、左宗棠、郭嵩焘、伯韩、周敬修及其兄弟等十多人，且对各人的性情、才学、适任何职也都做了介绍。读此信，不能不对曾国藩发掘人才的能力产生敬意。

韦尔奇发掘人才的做法也是令人惊叹的。他把遇到的每一个人都当作是另一场面试，通过各种各样的渠道发现优秀人才。担任董事长后，他从公司外面聘用了很多管理人员，其中乔伊丝·赫根汉是第一位。见面之前，他简单地调查了一下她的背景，得知她是一个体育新闻迷，吃晚饭时，他给她出了一个高难问题："1946年的红袜队中谁是二垒手？"对方答对了之后，他又继续追问："是谁拿球时间太长了点？"她又答对了。乔伊丝凭着曾担任过康·爱迪生公司公共事

第四章
人才管理：从经营"事"走向经营"人"

务高级副总裁的经历和圆满回答韦尔奇面试时提出的两个问题而成为通用公司的公共关系副总裁，为铸就 GE 的声誉做出了重要的贡献。有一次，韦尔奇的大众轿车引擎熄火被拖到一家修理店，他在那里遇到了一位名叫霍斯特·欧博斯特的德国技师。这位技师开着韦尔奇的大众车四处进行越野试车，其胆量使韦尔奇很是惊叹，便给他提供了一份工作。霍斯特在 GE 塑料公司工作了 35 年，得到好几次提升。由于对人的高度重视，韦尔奇养成了一种习惯，无论是在休息室里，在走廊中，还是在每一个公司会议上，他都会对所见到的公司员工进行考察。他特别注重通过不受任何限制的讨论方式来识别和发现人才。他在自传中提到，"我们所期望的是每一个人带到讨论桌上来的激情和意志。当经理们围绕着他们的报告，伸着脖子直接展开辩论的时候，你就既弄明白了他们所讨论的内容，也弄明白了他们这些人。"为了识别人才，他特别强调"区分"二字，强迫所属各个公司的领导对他们所领导的管理团队进行区分，列出哪些人是属于最好的 20%，哪些人是属于中间大头的 70%，哪些人是属于最差的 10%。作为 A 类的最好的 20% 的标准是拥有"GE 领导能力的四个 E"：精力（energy）、激励（energize）、决断力（edge）和实施（execute）。而这四个 E 是与一个 P（激情 passion）相联系的。C 类员工则是指那些不能胜任自己工作的人。除列为 A 类和 C 类的人外，其他的管理团队成员均列为 B 类。

无疑，曾国藩、韦尔奇善于通过各种形式、各种渠道从内部和外部发掘人才，这是很值得各级经营管理者学习的。我们的一些经营管理者没有求才的渴望，既不善于从外部发掘人才，也不善于在内部发现人才，因而当需要用人时，常有无才可用的困惑，这不能不引起重视。

第三，办大事者，必须善于使用人才。也就是说，要善于把适当的人才放到适当的位置上，或者说，在适当的时机使用适当的人才。曾国藩在《杂著·才用》篇中特别强调，用药用才，均应适当。他提出，"虽有良药，苟不当于病，不逮下品；虽有贤才，苟不适于用，不逮庸流。""千金之剑以之折薪，则不如斧；三代之鼎以之垦田，则不如耜。"在列举以上事实之后，他得出一个结论："故

"人事合一"与"胜任力管理"
来自实践的新理念、新方法

世不患无才，患用才者不能器使而适宜也。"他认为，在一定的时间，办一定的事情，只要用才"适宜"，平凡之才也可以产生神奇的效果，否则，不相吻合则最终没有成就。他举魏无知评论陈平的例子说明，正当战争之时，如果无益于胜负，虽然道德很高也没有什么用。他通过一番考察和栽培，把李鸿章、左宗棠、郭嵩焘等人都安置到合适的位置上去，足见他是一个人才配置的大师。

韦尔奇为了适当使用人才，每年分别到各下属公司召开C类会议时，都要利用半天的时间，与下属公司的领导一块讨论员工的经历、晋升、活力曲线，以及他或她的优点和缺点。通用公司有一个规定，对每个人都要找出他或她的长处和短处、取得的成绩以及需要进一步改进的地方。在这个会上，他们把大部分时间用来讨论这些需要改进的地方以及这些经理是否有培养前途。会议期间，韦尔奇会看该公司每个管理人员的相片和简历，对每个管理人员的情况都要过问，同时也希望能听到公司的领导为他或她的员工进行辩论。有一次他们评价所属一家制造企业的领导，认为他的长处是完成了预定目标（高生产率、收益大幅度提高、"六西格玛"做得不错），缺点也很明显——对人太粗暴，听不进别人的意见。他们对他的优缺点进行了较长时间的辩论，决定给此人一个警告：他正面临成为C类的危险。一个人心胸不开阔、不考虑别人的意见，这将使他陷入绝境。

对比之下，我们的一些企业的经营管理者，由于对所属管理人员的优缺点没有一种比较客观、全面、透彻的评估，因而当需要用人时，就只能根据自己偶尔接触所留下的片面印象，在所熟悉的面孔中选人，这样选出的人很可能不是最合适的，而最合适的人才则可能被埋没了。我们的一些企业也有召开会议对准备使用的一些人才进行评估，但与韦尔奇召开的人才评估会相比，我们一些企业的人才评估会有一个明显的特点，看不到不同意见的充分辩论，看不到生动活泼的局面。原因何在呢？大家已经习惯于看主要领导的意思办事，而不敢发表不同的意见，生怕发表不同的意见，特别是一些反对的意见，一来得罪主要领导，二来得罪拟任人员。由于这种局限性，评估会也就达不到应有的效果，不可能像韦尔奇那样，通过评估会"找出他或她的长处和短处、取得的成绩以及需要进一步改进

第四章
人才管理：从经营"事"走向经营"人"

的地方"。

第四，办大事者必须下大力气培养人才。曾国藩在《应诏陈言疏》中提到用人三法，其中的"转移法""培养法"，实际上是从两个层次讲了对人才的培养。"转移法"讲的是皇上在培训人才方面应起的作用。曾国藩认为，学习才能出人才，而为了兴起学习之风，皇上必须以身作则，勤学好问，实行召文臣讲学的惯例，和群臣百官从容辩论，发现有才识的就要勉励他们，发现没有才识的就要批评他们，以痛惩那种遇事不置可否的疲软风习。皇上一个人在宫中做学习的典范，全天下的英才都会受到鼓舞，这就是转移风化的根本。"培养法"讲的是各衙门的长官在培养人才方面应起的作用。其培养方法包括教诲、鉴别、举荐、破格提拔等。曾国藩打了一个比喻，人才就好像庄稼一样，衙门长官的教诲，就如同耕种培土；鉴别就如同剔除杂草；举荐就如同引水灌溉；破格提拔就如同甘露按时而降，庄稼即会迅速成长。而为了培养人才，长官应该经常到官署中去接触属员，就如同农夫天天在田间，才能熟悉庄稼生长情况。

韦尔奇对人才的培养，最充分地体现在他对接班人的培养上。韦尔奇把选择、培养继任者的工作当作自己职业生涯中最为重要的一件事。至少有一年的时间，这是他每天早上思考的第一件事，也是每天晚上占据他整个思维的事情。按规定，韦尔奇在 65 岁退休，而在 1994 年当他 58 岁离退休还有 7 年时，就开始着手继任者的选择培养工作，他对人力资源部高级副总裁比尔·康纳蒂说："你和我将要长期关注的一件事就是为这个职位找到最合适的人选。"他深刻认识到，这个赌注关系的是 GE 未来 5 年、10 年，甚至 20 年的新水平。

一开始，他们从员工名册中反复斟酌挑选，共列出了 23 名候选人，其中有 16 位是潜力颇大的分散在更广泛领域的候选者。他们为这 16 位有发展潜力的候选者设计了详细的发展计划。此后，他们像老鹰一样关注着这些家伙，不停地为他们制造各种考验及锻炼的机会。如对杰夫·伊梅尔特的考验和锻炼，原先是由他负责塑料业务，接着让他尝到了电器工业残酷竞争的味道，后来又安排他作为主管医疗器械系统的 CEO。经过这样一番岗位轮换，他熟悉了通用公司的三大

"人事合一"与"胜任力管理"
来自实践的新理念、新方法

系统，这就为他接替韦尔奇的职务打下了坚实的基础。为了跟踪候选者的发展情况，通用公司董事会在每年的6月和12月各举行了一次对继任者的评估会，韦尔奇自己在每年的2月还要做一次实地的评估。候选人收缩为3个人后，韦尔奇意识到，这3个人都很优秀，都有资格任通用的CEO，但结果只能有1人担任，而另外2位候选者会到其他公司担任CEO，因而他明确告诉3位候选人"要么被提升，要么就走人"，在被提升或走人之前，他们必然承担一个任务，即用6个月的时间训练各自的继任者。由于韦尔奇极度重视，费尽心机，终于圆满地实现新老CEO交替的平稳过渡。

学习曾国藩、韦尔奇培养人才的经验，我们可以得到两点重要的启示。其一，在封建朝廷，皇上和各衙门长官承担着培训人才的主要责任，在企业，总经理和各单位负责人同样承担着培养人才的最主要责任，人力资源部门只是发挥着辅助性作用。有的企业单位的负责人，把培养人才的责任看成是人力资源部的事，既不以身作则发挥示范作用，也不督促各直线主管当好教练，那是不妥的。其二，一个企业的总经理及其所属各部门、各单位的负责人，均应在适当的时候提出继任者计划，及早考虑接班人的选择及培养问题，这样才能保证新老交替时平稳过渡，而不至于临时动议。有些人担心培养了接班人会动摇自己拥有的位置，在目前的体制下，有这种心理是不奇怪的。假如另立一种新体制，把培养出合格的继任者作为称职和升迁的必备条件，那时情况也许就不同了。

总而言之，提升经营"人"的能力是领导者的一项重要任务，各级经营管理者均要认真领会执行。根据综合创新的理念，不论是曾国藩的经验，还是韦尔奇的经验，不论是古的，还是洋的，只要对提升我们经营"人"的能力有用，我们都要认真地学习，在继承的基础上加以创新。

第二节　论管理者的领导能力建设

《麦肯锡用人标准》一书的作者在总结了麦肯锡多年的用人经验后明确提出，未来的人才标杆，是那些具备解决问题领导能力的人。解决问题领导能力不同于解决问题能力，解决问题能力表现为发现问题，找到问题的根源，提出解决问题的方案。而解决问题的领导能力侧重在"领导能力"，主要表现为设定目标、做出决定、以身作则、带领团队。

罗振宇在2016年跨年演讲中讲到人工智能的发展时也特别提出：如果你现在所有的优势，都附在某一种职业技能上，那么就很可能"被替代"。如果你的优势是领导力和创造力，那么你就身处在一个暂时不被淹没的高地。

中外学者都认为，领导能力对于未来的职业生涯非常重要，然而，恰恰在这个问题上，很多人在认识上存在误区，在实践中不注重这方面的训练，因而在工作中和生活中处于一种被动的状态，不能设定目标，不能做出决定，不能以身作则，不能带领团队，而只能等待指示、执行指示。

正是针对上述状况，本文对管理者领导能力建设的相关问题进行了探讨，旨在推动管理者增强意识、加强训练，提升领导能力，从而更好地带领团队，完成共同承担的使命或工作任务。

一、关于"领导能力"的误区

在领导能力问题上，历来存在一些误区。作为普通员工，往往认为自己"没有机会当领导，不需要具备领导能力"。即使作为班子成员，也往往认为，"老大（一把手）才是领导，要有领导能力，其他成员只是跟随，有无领导能力不重要"。

认识上的误区，导致在实际工作中缺乏领导能力，未能带领一个组织的成员或一个团队的成员完成好所承担的工作。在一个企业组织中，如果只有一个或几

"人事合一"与"胜任力管理"
来自实践的新理念、新方法

个最高的管理者具备领导能力,设立目标、做出决定全是这一个人或几个人,其他管理人员都是"等待指示""执行指示"。在这种情况下,公司的运行效率肯定非常缓慢。这样的组织是不可能战胜其他对手的。正如《麦肯锡用人标准》一书所指出的,一个成员全都具备领导能力的组织,即使面对洪水、暴乱、大事故等工作手册上未写应对方法的大事件,绝大多数成员也能发挥自己的领导能力解决问题。而总是按照上司的指示,完全由没有领导能力的人构成的组织,在遭受前所未有的危机时,则谁都无法做出决定,更无法采取行动,只能等待上级的指示。但在混乱的非常时期,"上级"往往非常忙,而且离现场很远,无法做出准确判断。

正是针对上述认识上的误区和实际工作中存在的问题,我们有必要明确地提出,每一位管理者都需要具备领导能力。有带团队的需具备团队领导能力,没有带团队的需具备自我领导能力。

对于带团队的人而言,无论你是一个组织的管理者,还是一个部门的管理者,或是一个团队的管理者,你都需要带领这个团队的成员,共同去完成这个团队所承担的工作,因而都需要具备团队领导能力,都必须能够设立目标、做出决定,以身作则、带领团队。

而对于一位没有带领团队的人而言,你要完成好自己所承担的工作,就需要具备自我领导能力。即是说,对于自己所承担的工作而言,自己就是领导。为了完成好自己所承担的工作,你也必须能够设立目标,能够做出决定。你虽然手下没有兵,不存在以身作则、带领团队的问题,但也要利用好与自己工作相关的人脉关系,这个人脉关系包括自己的同事、自己的上级,也包括外部的朋友。

总之,我们必须破除误区,确立新的理念:每一位管理者都需要具备领导能力,带团队的人要具备团队领导能力,不带团队的人要具备自我领导能力。我们在实际工作中要有意识地去训练自己的领导能力,才能更好地完成一个组织、一个部门、一个团队或自己所承担的工作。

二、关于"领导能力"的表现

（一）带团队的人，领导能力的表现主要在两个方面，一是管事，二是管人。毛泽东提出的"出主意，用干部"，"出主意"是管事，"用干部"是管人。假如进一步细分，管事主要表现是"设立目标"和"做出决定"，而管人的主要表现则是"以身作则"和"带领团队"。

也就是说，"团队领导能力"表现在以下四个方面：

1. "设立目标"

指的是在前进的准备阶段，能为一个组织或团队指明方向，并设立对成员起充分鼓舞作用的目标。能起鼓舞作用的目标，必须注意度的把握。目标定得过低完全没有挑战性，起不了鼓舞作用。目标定得过高，无论怎么努力也达不到，也起不了鼓舞作用。反正怎么努力也达不到，我就不努力了。假如你是公司的领导者，你要能够指引公司发展的方向，设立公司发展的目标。比如说，贝特瑞公司的远景目标是"成为新能源、新材料全球领导企业"，"新能源、新材料领域"就是一个方向，"全球领导企业"就是一个目标，贝特瑞2016-2020年的战略目标是销售收入过百亿元，利润达到10亿元，这也是公司领导设立的一个富有高挑战性的目标。假如你是一个部门的总监或经理，你必须明确所在中心或模块的工作方向，并设立所在中心或模块的工作目标。比如说，你是营销中心的总监，你的工作方向就是在你所在的领域为实现百亿目标做出合理贡献，你的目标，就是带领整个系统的人员在2020年实现销售额过百亿元。

2. "做出决定"

指的是在前进路上的各个关键时刻，能够面对问题，做出决定。值得注意的是，有时在无法掌握完整信息，存在不确定性时，你也必须能够做决定。在做出决定之后，再针对决定的缺陷或者实施中可能出现的新问题提出解决的办法。比方说，贝特瑞公司负极材料原来的市场占有率接近40%，而现在不到30%，在未来的几年，如何保持第一？这就是一个问题。又比如说，根据一些资料统计，2015

"人事合一"与"胜任力管理"
来自实践的新理念、新方法

年在正极材料方面排第一的湖南杉杉的全球市场占有率为10%，而贝特瑞只占0.9%，我们在五年的时间里如何赶超杉杉，实现第一？这是另一个问题。这些问题如何解决？作为公司的领导必须在广泛收集信息，并进行深入研究的基础上做出决定。而且要考虑到在执行决定过程中可能产生的新问题提出解决的办法。

3."以身作则"

指的是发挥模范带头作用。"模范"指的是做出榜样，"带头"指的是走在前头。比如说价值观的践行、制度的执行、责任的承担等，只要你是公司或部门的管理者，你就要身先士卒、以身作则、起模范带头作用。又如，公司2020的目标是实现百亿梦想，假如你是公司领导者，你就必须带头为实现这个梦想而奋斗。假如你是营销领域的总监或经理，你就得带头去开发客户、拓展市场。

4."带领团队"

即是说，你不单自己带头干，还要领着大家一起干。而为了领着大家一起干，你必须善于传递信息和沟通意见。传递信息是把自己的想法和决定告诉大家以获得理解、支持。沟通意见指针对不同意见，反复沟通，达成共识，采取共同行动。假如你是营销领域的总监或经理，你就得领着中心或模块或某个小组的业务人员，共同去开发客户、拓展市场。因此，凡是需要大家知道的信息，你要及时传递；针对不同意见要及时沟通，尽可能达成共识；要积极营造和谐的内部氛围。

（二）没带团队的人，自我领导能力主要表现在管事上，进一步细分的话表现在三个方面：一是设立目标，二是做出决定，三是利用人脉资源。

1. 设立目标

对自己所承担的工作，须设立有挑战性的目标，能鼓舞自己不断地自我挑战。

2. 做出决定

自己所承担的工作，在推进的过程中，也有一些关键节点，也要善于面对问题，做出决定，而不是等待指示。

3. 利用人脉资源

并不是没有带兵就必定单打独斗。只要你善用人脉资源，同事、上级、外部朋友都可以帮到你。

三、关于"领导能力"的评估

为了比较准确地评估管理者的团队领导能力水平，可以采用下列"领导能力水平"调查表。

领导能力水平调查表

评价对象：

评价内容	评价项目	评价标准	评价等级			备注
管事	设立目标	在前进的准备阶段，能为组织或团队指明方向，并设立对成员起充分鼓舞作用的目标。对目标的度把握比较准确，不过高，也不过低	A	B	C	
	做出决定	在前进路上的各个关键时刻，能面对问题，做出决定。在掌握信息不完全、存在不确定性时也能做决定，做出决定后再针对其中的缺陷及可能产生的新问题提出解决办法				
管人	以身作则	在实现目标的过程中能发挥模范带头作用。模范是做出榜样，带头是走在前面。如，在践行价值观、执行制度、承担责任等方面，都能以身作则、起模范带头作用				
	带领团队	不单自己带头干，还能领着大家一起干。凡是需要团队成员知道的信息能及时传递；对于不同意见能及时沟通，能积极营造和谐的内部氛围				

通过对某公司的整个管理团队进行评估，我们可以发现，他们在团队领导能力四个方面的表现上，既有优点，也有不足。

在设立目标方面，公司管理层敢于设立对成员有充分鼓舞作用的目标。如，集团给其下达的年度利润指标是9000万元而他们内部设立的挑战性目标是

"人事合一"与"胜任力管理"
来自实践的新理念、新方法

14000万元。集团为他们设定2020年的战略目标是销售收入50亿元，而他们自定的挑战性目标是突破百亿元。而该公司的下属单位在设立目标时则多数倾向于设立比较低的目标，因低目标易于完成，且能评高分，拿奖金。

在做出决定方面，公司管理层善于在发展过程中的各个关键时刻，针对遇到的问题做出相应决定。这些决定包括：投资上对某些项目要不要投入？投资后由谁去管理？在经营上重点开发哪些产品？开发哪些客户？开拓哪些市场？而中高层管理者中，能面对问题，做出决定的人比较少，"等待指示""执行指示"的人比较多。

在以身作则方面，在开发客户、拓展市场、解决研发难度、保证生产质量这些领域，公司管理层和中高层管理人员都能起模范、带头作用，而在执行制度这个部分，一些管理者则未能很好地起模范带头作用。

在带领团队方面，公司管理层和中高层管理人员在传递信息，使自己的想法或决定获得理解方面做得比较好，而针对不同意见，加强内部沟通方面则仍不足。

也许有些中高层管理者看到这样的评估不能接受，他们认为自己在这四个方面都表现得不错。为此，我在这里提几个问题，请大家自我衡量一下。第一，你有设立目标，你设立的是能充分鼓舞人心的目标吗？第二，你有做决定，你在面临不确定性、面临风险时，敢做决定，善做决定吗？第三，你有以身作则，凡要求大家执行的商业行为准则、规章制度你带头执行了吗？第四，你有带领团队，该传递的信息，你传递了吗？让大家理解了吗？该沟通的意见，你沟通了吗？达成共识了吗？你在内部营造了一个和谐氛围了吗？所以说，你做了是一回事，有没有做到位是另外一回事。

四、关于领导能力不高的原因分析

针对一些企业中高层管理者团队领导能力不高的问题，我们经过初步分析，认为导致这一问题的原因主要如下：

1. 在组织方面，传统的"命令控制式"的管理模式妨碍了领导能力的提升

中国传统的管理模式，从政府到事业单位、企业单位，总的来说，是沿袭了"命令控制式"，即是在金字塔的组织结构中，从上而下，由上级逐层给下级下达命令，并控制下级的执行情况，而下级的责任就是执行上级的指令，并逐层向上级汇报执行情况。长期采用这种管理模式的结果，导致多数中高层管理人员习惯于"等待指示""执行指示"，而不习惯于自己来"设立目标"，"做出决定"，因而妨碍了领导能力的提升。

2. 在个人方面，缺乏提升领导力的意识和实际训练

领导能力也是一种能力，未来可以通过教育和训练而达到提高。但是，由于存在误区，缺乏意识，没有主动去接受相关教育，并在实际工作中加强训练，因而水平也就得不到提高。

《麦肯锡用人标准》一书提到，应聘进入麦肯锡的，绝大多数人都是在入职后的几个月内受到极大的文化冲击。他们在实际工作中，开始意识到领导能力的重要性，于是自然而然地产生了"掌握领导能力"的想法。这种意识上的变化，是领导能力教育与训练的基础，也是最为重要的一点。

有提升领导力意识的人，在面临工作中或生活中的问题时，会主动去训练自己的领导能力，积累经验。其思维方式为：我能否解决这个问题，能否提出有价值的意见？而没有这种意识的人，不注重实际训练，其思维方式为：这个问题该由哪位上级领导来解决？两种不同的思维方式，必然导致两种不同的结果。

五、关于领导能力提升的方法

针对上述原因，在领导能力提升方面可采取下列方法。

1. 在公司层面，要改变"命令控制型"的管理模式，倡导领导型的管理模式

为改变传统的管理模式，公司要建立、健全分权与授权机制，明确各级管理机构和各级管理人员的职责和权限，推动他们在各自的管理岗位上"明确方向、设立目标""面对问题、做出决定"。如前面所说的，你是营销总监，你的工作

"人事合一"与"胜任力管理"
来自实践的新理念、新方法

方向就是满足公司战略对营销领域的要求，你设立的目标就是在2020年销售超百亿元，在前进路上的各个关键时刻，面对遇到的各种问题与挑战，你能够做出决定，保证目标的实现。

在这个过程中，关键要解决两个问题，一是上级不随意干预；二是下级要大胆负责。先前听到两种抱怨，下级抱怨上级干预过多，"自己说了不算，上级领导说了才算"，因而该说话的时候也就不说话了，该作为的时候也就不作为了；而上级则抱怨下级不负责任，交办的事情没有用心办好，无奈之下，只好亲自出马，那也是不得已而为之。

可见，要改变管理模式，倡导领导型的管理方式，必须靠上级和下级两方面共同努力，即上级不随意干预，下级要大胆负责。

2. 在个人层面，要增强"提升领导能力"的意识，要加强领导能力的训练，要在做事的过程中多体悟

（1）增强"提升领导能力"的意识。

无论是公司管理者、部门的管理者、团队的管理者，还是普通员工，为了完成好自己所承担的工作，都需要领导能力。带团队的人需要具备团队领导能力，而不带团队的人则需要具备自我领导能力。

在日常生活中，不管问题的大小，也都会有发挥领导能力的机会，比如说朋友聚餐后，有个人提出，"有谁想把这些点心打包带走吗？家里有小孩子的请打包带走吧。"这就是具有领导能力的人。再比如说，在排队等出租车的人中，有人主动提出，"我要去××方向，有人要和我拼车吗？"这也是具有领导力的人。

《麦肯锡用人标准》中提到，有一些公司每周召开一次所有部门都参加的全体会议，大概三个小时，各个部门的负责人汇报关于业务的进展情况。但在某一部门汇报时，倾听的只有领导，其他部门的负责人都在等待轮到自己汇报。绝大多数人认为这种会议是在浪费时间。对于这种会议有三种反应：第一种人是每周都毫无怨言地准时参加，或者因为是浪费时间，所以带上资料做其他的工作；第二种人是在非正式的场合向领导提出非正式的建议："是否应该改变会议的形式?"第三种人是在会议中直接提出"这个会议的形式应该进行改变"。作者认为上述的第一种人,属于没有领导能力的人,第二种人属于具有领导能力的人,第三种人属于具有较强领导能力的人。

具备领导能力的人可以更好地掌控人生。发挥领导能力就像是握着汽车的方向盘,你可以设定"想要去哪里"的目标,下定决心自己手握方向盘承担风险,具体走哪条道路,在哪里停下,在哪里折返,都由你自己判断。同时你还要向车上的人传达你的决定,得到他们的理解。否则的话,他们或许会离开你的车。

具备领导能力可以更好地解决工作中的问题。要想解决问题,除了领导能力之外,还需要分析能力、技术力、专业性和预见性等各种各样的能力。但是,这种能力不必全由一个人掌握,只要发挥领导能力的人,将拥有其他能力的人聚集起来,组成一个团队,就可以解决相应的问题。要想解决问题,拥有强大的领导能力比天资聪颖更加重要。

(2)加强领导能力的训练。在这方面,可采用以下一些行动措施。

其一是在工作中注重信息的传递和意见的沟通,如在会议中要敢于做出有益的发言,"会议中没有发言的人就没有贡献价值"。因为一个人如果在会议中一言不发,那么这个人对会议的结论(也就是成果)没有任何贡献,所以有他没他都无所谓。也就是说,这个人的附加值是零。就算你的发言很幼稚,但可能会刺激其他人的思考,甚至因此而改变会议的结果,如果不发言的话,那么就完全没有创造价值的可能性了。

其二是在面对问题时,要敢于提出意见,做出决定。要想到,"如果我就是领导,我的意见是什么?我会做出怎样的决定?"就算是与自己没有直接关系的事情,也会产生出"如果是我的话该怎么办"的当事者意识。经常自己做出结论,可以作为领导工作中的"做出决定"的实际训练。

其三是在完成个人工作任务的过程中,要做自己的领导。对于自己的工作来说,自己就是领导。你需要考虑如何利用人脉资源,包括你的同事、你的上级、外部的朋友,使你的工作成果最大化。考虑如何利用上司也是你的工作。

"人事合一"与"胜任力管理"
来自实践的新理念、新方法

《麦肯锡用人标准》的作者曾在麦肯锡当过管理顾问,他围绕自己的工作画了一个放射状的组织图:

```
         合伙人
高级管理顾问      管理顾问
       管理顾问
       (自己)
    调查员      管理顾问
         经理
```

为了更好地完成自己的工作,他还组织了这样一个会议。以下是这个会议需要达成的目标一览表:

	需要讨论的内容	需要委托的内容	需要决定的内容
合伙人	关于这件事需要全员进行讨论。在会议中提出解决的办法和方案	希望由合伙人向客户的CEO传达这件事	上次提到的签合同的会议究竟要不要进行,做出最终的决定
经理			
高级管理顾问			
管理顾问			
调查员		需要调查员调查这件事	

第四章
人才管理：从经营"事"走向经营"人"

事前将这些目标整理出来，在会议时间内将这些目标一一实现，就是具有会议领导能力的行为。

其四是综合运用上述的各种技术，通过解决团队遇到的实际问题来进行实践训练。要能够站在白板前发挥讨论的领导能力，能够在会议参加者发表的意见中找出论点并进行整理，明确讨论的重点，推动停滞不前的会议继续前行。

其五，要找到自己的领导风格。需要引起重视的就是"你想成为怎样的领导"这个问题。你需要与其他人交流，自己究竟想在什么领域，用怎样的领导风格率领什么样的组织，你想成为什么样的领导。

有时你可能会得到一种建议："以你的资质和条件恐怕有些困难，不如试一试另一种类型的领导或许更适合你。"一旦意识到目标并不符合自己，那么就应该立刻改变目标。由于在组织内部拥有各种类型的领导，所以可以找一个合适自己的榜样来向其学习，积累经验。

（3）在做事中"多体悟"。

参加 MBA 课程班，对于提升干部的素质和能力很有帮助。然而，值得注意的是，单纯在学校里读书，听老师讲课，那只是一种浅知。要获得真知，必须坚持"知行合一"，必须在做事中"多体悟"。

王阳明提出："知之真切笃实处是行，行之明觉精察处是知。"即是说，要在求知中实践，在实践中求知。要知之真切笃实，必须靠行，实践才能出真知。而在实践中也不是随随便便就能得到真知，"明觉精察"才能获得真知。

任正非提出干部提高水平之道，强调要在社会上读书，在做事中体悟。这一点与王阳明的"知行合一"完全相符，值得每位干部思考。任正非在一次高层会议上提问："我的水平为什么比你们高？"大家回答：不知道。任正非说："因为我从每一件事情（成功或失败）中，都能比你们多体悟一点点东西，事情做多了，水平自然就提高了。"

2009 年，任正非出差成都，游览了都江堰。其后，任正非感悟很多，特别是从李冰治水的故事中得到了管理上的启示，于是写了一篇《深淘滩，低作堰》

"人事合一"与"胜任力管理"
来自实践的新理念、新方法

的文章。在该文中，任正非是这样注解"深淘滩，低作堰"的："深淘滩就是不断地挖掘内部潜力，降低运作成本，为客户提供更有价值的服务。……低作堰就是节制自己的贪欲，自己留存的利润低一些，多一些让利给客户，以及善待上游供应商。将来的竞争就是一条产业链与一条产业链的竞争。从上游到下游的产业链的整体强健，就是华为生存之本。"

这一事例表明，任正非不单在做事中善于"体悟"，就是在做事之余，休闲游览之时也善于"体悟"。很多人都游览过都江堰，可是在游览中有"体悟"的人并不多。也许，这就是水平高低的一个分水岭。关键点就在于能不能在做事中（包括游览中）"明觉精察"，有所体悟，而且是多做事，多体悟。真能做到这一点，水平自然提高了。

总而言之，为了完成所承担的使命或工作，每一位管理者都需具备领导能力。带团队的人要具备团队领导能力，要做到既能管事，又能管人，既能"设立目标""做出决定"，又能"以身作则""带领团队"。不带团队的人要具备自我领导能力。要做到同样能设立目标、做出决定，还能充分利用人脉资源。而为了真正提升中高层管理人员的领导能力，在公司层面必须改变"命令控制型"的管理模式，在个人层面，则须强化提升领导力的意识和训练。

第三节 总经理的角色要求及选用

俗话说，"千军易得，一将难求。"就企业的人才选用而言最难找的就是总经理这个角色。总经理有如乐队的指挥、轮船的船长，企业经营的成败得失，在很大程度上决定于所挑选的总经理是否是一个合适的人选。无数实践证明，这个人挑对了，可能使一个濒临倒闭的企业起死回生，而这个人挑错了，也可能将一个生机勃勃的企业引向倒闭。

第四章

人才管理：从经营"事"走向经营"人"

一、总经理的角色要求

"总经理"这个职务称号实在概括得太妙了，只要我们透彻领会"总经理"这三个字的深刻内涵，也就明了总经理的角色要求。

总经理的"经"字指的是"经营"。即是说，当总经理的第一条基本要求是"懂经营"。就一个工业企业而言，总经理必须懂得这个企业生产、经营全过程，包括市场调查、技术开发、原料供应、生产加工、广告策划、销售组织等环节。在这个过程中，最重要的是投资项目或产品的选择与确定。投资项目或产品选择的决策正确，可能为一个企业带来几百万、几千万甚至上亿的利润，而投资项目或产品选择的决策错误，则可能为一个企业带来几百万、几千万甚至上亿的亏损。"三九胃泰"把三九集团推上了高峰，而"巨人大厦"则把巨人集团拖下了深渊。

总经理的"理"字指的是"管理"。即是说，当总经理的第二条基本要求是"善管理"。就一个工业企业而言，总经理必须善于根据生产、经营全过程的需要，管好人、财、物、知识、技术、信息等要素。首先是要管好"人"。原料供应靠人、生产加工靠人、销售组织靠人、生产经营的各个环节都要靠人去推动。只有挑选合适的人，并充分调动这些人的积极性、主动性和创造性，才能实现企业的经营目标。其次是要管好"财"。企业的产品开发要钱、机器设备要钱、原料采购要钱、广告宣传要钱、雇请员工要钱、资本运作更是要钱，俗话说，"巧妇难为无米之炊"，因而当总经理的还必须懂得如何去筹钱，如何用钱。第三是要管好"物"。厂房要符合标准，机器要更新，老厂房、旧机器难以生产出受消费者欢迎的新产品。第四要管好知识、技术和信息，在新经济时代到来之际，这一点显得特别重要。没有技术上的优势，也就没有产品的优势，往往也失去了企业在市场上的竞争优势。

总经理的"总"字指的是"总揽"。即是说，当总经理的第三条基本要求是"能总揽全局"，这意味着总经理应该是一位"通才"，他对经营上的各个环节，对管理上的各种要素都要能基本掌握，但不可能面面精通。因此，他要挑选几位精通某一方面的副手来辅助自己。副总、总助或三总师，一般都是某一方面的"专才"，这也是副手与总经理的区别所在。

二、总经理的选聘

既然总经理的角色要求是"懂经营""善管理""能总揽全局"，那么，我们在选聘总经理时，就要按照这一要求来考察、识别人才。

首先，我们在进行资格审查时，必须认真审核他的学历、经验和业绩。我们不能搞"唯学历论"，不能片面地认为"学历高本事就一定高"，但也不能轻视学历。有人说，"傻不过博士，穷不过教授"，那只是一种戏言，并非科学的概括。一般而言，学历代表了一个人的知识架构和能力基础，有没有这个架构和基础，解决问题的思路和方法就不一样。比方说，同样担任一个企业的经理，具备工商管理专业知识的人和不具备工商管理专业知识的人就不一样；同样具备工商管理专业知识，本科毕业的人和研究生毕业的人也不一样。在学历问题上，既要看专业，也要比层次，还要辨真伪。

对于一个总经理来说，学历重要，经验更重要。相对而言，书本上的知识讲的是一般的道理，而生意却是具体的，活生生的，变化无穷的。没有在某一行业待上三五年，没有在企业经营班子中担任过一定的职务，要担任这一行业中某一企业的总经理，是很难胜任的。因此在审核经验时，要看行业，也要看职务。

业绩与学历、经验相比，业绩是最重要的。假如一个人专业学历很高，在某一行业的企业中任职时间也不短，但一直业绩平平，没有突出的表现，这样的人是不能当总经理的。相反的，假如一个人专业学历不是很高，但在其任职期间连创佳绩，有突出表现，这种人反而可以考虑作为总经理的人选。

对应聘总经理的人选，我们不仅仅要对其学历、经验、业绩进行严格的资格审查，还要对其履行职务的核心能力进行科学的测试。总经理的职务胜任力包括风险决策能力、知人善任能力、激励能力、控制能力等。

对风险决策能力的测试，可采用以行为为核心的结构化面试方法，也可采用

第四章
人才管理：从经营"事"走向经营"人"

"决战商场"的模拟测试方法。通过结构化面试，可以了解应试者在过去的经营中参与过何种决策，在决策中充当何种角色，发挥过何种作用，取得何种成效。采用这种方法要注意的是借助巧妙的追问技巧，分辨出应试者是在"讲事实"，还是在"编故事"。"决战商场"是由瑞典人创造出来的一套培训经营者的方法，它假设一个企业在其发展过程中遇到了某些难题，如产品积压、资金困难等问题，而这个时候，原总经理调走了，由你去接任这个企业的总经理，看你模拟运作的结果如何。在这个过程中，你可以模拟通过加大广告投入去争取订单，也可以模拟到银行贷款，还可以模拟减少积压、回收资金等，其结果，即使你决策失误，也是一种游戏的失误，不会给企业带来真正的损失，而你却可以从中吸取足够的教训。利用这种模拟测试，既可提高参加者的经营决策能力，也能测试参加者的经营决策水平。这种测试要求应试者在参加前要通过学习，弄懂这种"游戏"的规则。这类测试，一般委托专业机构进行。对知人善任能力的测试，可用传统的组织考核办法，通过其同事或上下级了解其用人的观念、标准及实际操作中的成败得失。对激励能力、控制能力的测试，可用现代的办法，测试其情感智力和领导风格。"情感智力"指的是"一种洞察自己和他人情感、自我激励、自我管理及处理人际关系的综合能力"，它表现在两个方面，一方面是对自己情绪的感知及自我管理，一方面是对他人情绪的感知及对他人的正面影响。实践证明，情感智力的高低，往往决定了一个经营管理者的优劣。衡量一个人情感智力的高低，主要是看他能否灵活地应用六种不同的领导风格。一般来说，有的人倾向于强制型领导风格，要求员工立即服从；有的人倾向于激励型领导风格，向员工提供远大理想和长远目标；有的人倾向于亲和型领导风格，创造员工间及员工和经理间的和谐；有的人倾向于民主型，激发创新和增强组织凝聚力；有的人倾向于"榜样型"，追求高标准、严要求；有的人倾向于教练型，注重员工的职业生涯、长远发展。而情感智力高的人，能综合运用各种不同的领导风格，懂得在什么时候对什么人使用什么样的领导风格，用到什么程度，犹如打高尔夫球的人，能根据不同的情况选择不同的球杆。对经营者的情感和领导风格的测定，可用领导风格量表，对其采用六种领导风格的比率和主要倾向进行测定，也可以通过组织气氛量表测量组织氛围，从而了解经营者的情感智力和领导风格，因为正是领导者的情感智力和领导风格决定了组织氛围，影响了员工的积极性、主动性和组织的绩效。衡量组织氛围的指标包括灵活性、责任心、效绩标准、薪酬政策、清晰度（目标、政策、流程、职责等）、凝聚力（自豪感、忠诚度）等六项，其中最重要的是效绩标准和清晰度。

三、总经理的培训

市场的竞争呼唤优秀的总经理人才，而由于中国建立市场经济体制的时间尚短，作为市场经济主体的企业成立的时间也不长，因而职业化、市场化的经理人才队伍还比较弱小，真正合格的总经理人才就成为一种稀缺的人力资源。在这种历史条件下，企业聘用的总经理多为不够成熟的总经理。比方说，从知识结构上衡量，技术人员出身的总经理往往缺乏工商管理的系统知识，而管理人员出身的总经理又往往缺乏必备的经营知识和技术知识。从知识与经验的结合上看，有的总经理知识比较全面，但实际经营管理经验又比较欠缺，有的总经理实际经验比较丰富，而知识功底又比较单薄，发展后劲受到限制。

本来，为了企业的生存和发展，最应该接受培训的是总经理，而实际情况恰恰相反，总经理参加培训往往是最少的。有时有关部门特意为总经理安排一些学习课程或高水平讲座，但实际到场的人多为总经理的"替身"，而非总经理本人。一来总经理确实很忙，难以分身；二来有的总经理过高估计自己，认为自己什么都懂，不需要参加学习了。

要解决总经理的培训、提高问题，首先要解决总经理的认识，使他们认清总经理的角色要求以及自身的差距，按照职业生涯设计、职业生涯发展的要求，缺什么，补什么，不断地完善自我，超越自我。随着新经济时代到来，"知识爆炸"成为时代特征，知识的老化越来越快，不注重学习、更新知识的人势必被淘汰出局。

其次，作为总经理的管理机构，如上级组织人事部门，或企业的董事会，一定要针对总经理的实际情况，有计划地安排总经理每年挤出一定时间参加必要的培训，如参加短期进修、专题培训、出国考察等。实践证明，只有总经理的成长，才有企业的发展。反过来，企业的发展也推动了总经理的成长，两者相辅相成。

四、总经理的使用

在我国，经理人的职业化、市场化已经迈出了可喜的步伐，不少私营业主，当其企业发展到一定规模，发现由自己直接管理已力不从心时，都会通过经理市场或猎头公司寻找职业化经理人，如万象集团的老板、鼎天科技的老板，都是在收购、控股了某一上市公司后，通过猎头公司或朋友介绍找到了职业化经理人。

然而，也有不少企业迈不出这一步。有的提出，"从外面找来一个总经理靠得住吗？"有的担心，职业经理是流动的，他走时，把企业的客户或技术都带走，怎么办？这种担心并非毫无根据，原微软中国区总经理吴士宏去职后一本《逆风飞扬》兜了IBM和微软的老底；科龙引进的空降兵副总李国明的出走让有的人无法面对媒体；创维原中国区营销总经理陆强华率众出走，通过媒介攻击致创维老板非常被动。

如何解决上述问题呢？靠体制创新。中策集团的黄鹤年在烟台投资4000万办企业，总经理是在当地聘请的，他并没有选派自己身边的人去担任。他对总经理的管理主要有两招，一是在聘用合约中明确授权的范围，具体规定总经理能办哪些事，不能办哪些事，违约该受何种处罚。二是定期派出自己的审计人员对企业进行审计，一旦发现问题，立即通过法律程序进行处理。中国宝安集团控股武汉马应龙药业公司后，大胆启用该公司原有的经理人员，但在管理上采用了决策执行权与监督评价权相分离的办法。即是说，在经理层中设行政副总、营销副总、生产副总、他们履行的是决策执行权，而在董事会中相应设立了财务总监、市场总监、质量总监，他们履行的是监督评价权，两者相互制约。

我国经济界的一些权威人士指出，解决经理人流动中出现的问题，重在制度设计。西方好多企业在聘用职业经理人时会有一个非竞争条款，规定受聘者今后虽然也可以调离，但是离开之后，三年或五年不可以到竞争对手那儿去，如果去了，会受到法律的制裁；这个合约是受法律保护的。中国也应该推进这方面的立法，如果这个问题不解决，企业很难做大。

第四节　谈企业经理外逃事件的原因与对策

中共中央在《关于制定国民经济和社会发展十年规划和"八五"计划的建议》中提出，继续增强企业特别是国营大中型企业的活力，是深化经济体制改革的中心环节，要完善和发展企业承包经营责任制，要坚持和完善厂长负责制。企业要搞活，权力要下放，经营权要下放给企业，下放给厂长、经理，这是必然的。国家的《企业法》就明确规定，厂长是企业法人，他要对企业的生产经营负责任，同时也拥有人、财、物、产、供、销等方面的管理权。值得注意的是，我们在贯彻中央有关文件精神，深化经济体制改革的过程中，必须正确地认识和处理好增强企业活力和健全企业制约机制的关系，在强调放权搞活企业的同时，千万不要忽视健全企业的约束机制，千万不要忽视对经理的管理制约。在这方面，深圳近年来接连发生的经理携公款外逃事件为我们提供了极为深刻的教训。为了吸取教训，防止类似的事件继续出现，我室组织两个调查组，分别调查 H、J 两公司的原经理外逃的有关情况，对问题的严重性、问题产生的根源及解决问题的办法做了初步的探讨，下面谈谈我们的一些看法。

一、H、J 两公司原经理外逃事件的严重性

深圳是我国改革开放的前沿阵地，作为经济特区，经济体制改革的步伐走得比较快，早在 1984 年就率先试行经理负责制，把经营管理的权力下放给企业，下放给经理，因而，企业也搞得比较活。但是，有的企业在强调权力下放、搞活企业的时候，对健全企业约束机制，管好经理这一面重视得不够，导致在某些

方面出现失控现象，再加上其他种种原因，企业经理中出现了一些比较严重的问题。例如，有的利用职权侵吞公款，携公款潜逃；有的滥用亲友或"三无人员"，导致巨大经济损失；有的经营决策失误，造成巨额亏损；有的生活奢侈，作风霸道。其中最突出的是携公款潜逃的问题。据有关部门统计，自1985年至1991年，深圳市外逃的干部职工共有180人，涉及金额为人民币21093.66万元，港币23951.43万元，美元2376.99万元。而在历年所发生的携公款外逃事件中，最严重的是H、J两公司原经理外逃事件。

H公司成立于1985年，至1990年8月公司经理文XX等人出逃时，已发展为一个拥有近30个经营机构、1300多名员工的企业。H公司的发展是快的，问题在于走的路子不正。该公司的主要问题，一是骗取国家的退税款。据市工作组初步查明，1989年至1990年，H公司办理出口退税共94次，金额达1.2亿元人民币，其中属于内外商勾结，采用"以少报多，以低价报高价"等手段欺骗海关、税务部门而取得的退税款约有人民币几千万元之多。二是走私。该公司进口4万套彩色显像管元件，按规定应在深圳加工后出口。然而，该公司把这些进口的元件倒卖出去，每套元件获利人民币200元。三是内部管理混乱，下属单位问题很多。有走私黄金的，非法做生丝生意的，利用商贸机会，骗取公款潜逃的，等等。正因为走的路子不正，公司经理文XX及其几个亲信也意识到总有一天会出问题，因而预先做好了潜逃的准备。当海关审查H公司走私显像管问题，限令文XX于7月25日至31日这段时间要交代清楚，否则将要对他拘留审查时，文XX感到势头不妙，于8月3日外逃。在此前后，他的几位亲信（副经理、办公室主任、供销经理部部长）也都出逃，令人惊讶的是连他们四家的家属也都逃出去了，合起来逃走的共有十几人之多。文XX等人出逃后，给H公司留下的是一个烂摊子，尽管算起来还有七八千万元的固定资产，但与欠债的数目相比，总的来说是资不抵债，经营上已经陷入困境。

J公司是市属一级企业，自1985年成立以来，有一定的发展，形成一定的规模，现有下属企业22家，干部职工1600多人，资产1000多万元。由于近年来公司

"人事合一"与"胜任力管理"
来自实践的新理念、新方法

经理王XX严重失职渎职，纵容下属公司经理胡XX、张XX等人骗取、盗用大量国家资财，非法从事账外经营，给国家带来了巨大的经济损失。据不完全统计，胡XX共骗取、盗用人民币1274万元、美元29.999万元、港币400万元，后于1989年6月以出国探亲为名，逃到玻利维亚，并已取得当地的身份证。张XX任职期间共有800余万元贷款尚未归还，其中相当部分汇往香港，后事情败露，不得不摆脱公司的监控而外逃。王XX在胡XX问题已经完全败露，自己被宣布免职的第三天，也赶紧出逃。此后，J公司潜逃的还有孟XX（胡XX的妻子，任会计职务）和孟XX（"三无人员"）。等到市有关部门派人接任公司经理时，该公司已处于崩溃的边缘，市政府驻该公司联合协调小组在给市委、市政府的报告中就提到，"J公司的经济状况极度困难，地无一寸，厂房无一间，车辆与职工住宅全部做了抵押，已经是'石头城上，眼空无物'"。

上述情况表明，H、J两公司原经理的潜逃，给国家带来了严重的经济损失，造成了巨大的政治影响，教训是沉痛的。不少同志反映，假如我们不以此为戒，深入分析问题产生的原因，采取切实有效的措施加强管理，类似的事件还可能继续发生。

二、H、J两公司原经理外逃事件原因分析

经理携公款外逃事件接连发生，说明我们企业的约束机制不健全，也说明我们还没有管理好经理。对调查情况的分析表明，这既有企业内部管理的问题，也有企业外部环境的问题。

就企业内部的管理体制而言，总的来说，《企业法》已经做了大致的规定，明确了厂长的法人地位及其职责权限，明确了企业党组织的保证监督作用，明确了企业管理委员会职代会的职能与任务。但就实际的情况来看，《企业法》本身有不够完善的地方，执行中也有偏差。比如说，《企业法》给了厂长人、财、物管理大权，但并没有规定厂长在行使这些权力时应严格遵循什么样的原则与程序，以及因错误行使权力造成严重损失时要承担什么责任，受到什么处罚。再说，对

第四章
人才管理：从经营"事"走向经营"人"

于企业党组织的作用，整部《企业法》中只用了 39 个字，对于企业党组织在经营决策和用人决策过程中担当什么角色只字未提。至于执行中的偏差，主要表现为过分地强调厂长个人负责，强调企业各种事情的决定靠"一个人、一张嘴、一支笔"，而忽视了党组织、管委会、职代会应有的作用。在这种情况下，有的企业的经理成了"小皇帝"，在他所在的那个小王国里，只有他管人，没有人管他。不受制约的权力是最易走向腐败的，皇帝是这样，经理也是这样。应该看到，商品经济的发展，一方面促进了社会的进步，一方面也会引诱人们追求金钱和物质享受，甚至为此而走向犯罪的深渊。经理是经济管理干部，手中有人、财、物管理大权，如果自我约束的意志比较薄弱，就有可能为满足个人私欲而犯错误。在这种情况下，如果企业里又缺乏有效的制约，就很可能使犯错误的同志一步步地滑下去，到最后，当问题有可能暴露时，就只有外逃一条路了。H 公司的文 XX 与 J 公司的王 XX 当经理初期并不坏，但后来殊途同归，都走上外逃之路，是很值得反思的。

  文 XX 原在商业部门任秘书工作多年，1985 年 4 月，他和商业总公司的四位同事组建了一个企业，靠借来的三万元贷款和租用的一间 20 平方米的商场起家。初期，他还是有一股艰苦创业的精神的，遇事也和大家一块商量，经营上确也取得了一定的成绩。可是，自从 1988 年 5 月买下了华丽宫大酒店以后，他有如进京的农民领袖一样做起"小皇帝"来了。文 XX 在华丽宫酒店的办公室有三道门，连公司的副总经理也难得见他一面，更不要说商量工作。我们问他的秘书，文 XX 办事有什么信条，秘书说，文 XX 的信条就是"我交办，你们照办"。不管他交办的事情正确与否，如若下属不照办，就会给他臭骂一通，甚至被"炒鱿鱼"。有一次，他要财务人员划一笔账，财务人员说，按财务制度规定，划这么大数字的款要向财务部长报告后才可以，文 XX 当场对她说："你明天不要来上班了！"还有一次，有个单位的领导来酒楼吃饭，文 XX 交代不要收费，而值班的经理却收了费，为此，文 XX 大发雷霆，当着众人的面说："连这点小事都不会办，还当什么酒楼经理，把他撤了！"H 公司所有中层干部的任免，都是文 XX 交办，

"人事合一"与"胜任力管理"
来自实践的新理念、新方法

人事部门照办,等到发了任免通知,其他副经理才知道有这么回事。反映公司经营情况的财务报表,也只有他和他的一个亲信(分管财务工作的副经理)两个人可以看,兼副经理的党委书记想看报表,他说:"这就不必了,你知道个大概就行了,党内的事情你来管,经营上的事情我来管。"在花钱方面,对公司的广大员工是抓得很紧的,就连副经理报销几十块钱药费也要经他或办公室主任签批。而他自己愿怎么花就怎么花,没人能管他。酒楼亏损700万元,其中由文XX请吃挂账的约有350万元,文XX大吃大喝是众所周知的事情,他患有酒精性中毒肝硬化病,与其长期大量喝酒不无关系。

有人会问,H公司有党委会、纪委会,怎么不起作用?H公司的党委会没能起保证监督作用,这是事实。分析起来,其原因有二:一是党委书记的政治、业务素质比较差。当初选书记时,上级有关部门也觉得这个人选还欠缺应有的素质,但考虑到他是企业创办人之一,应给予适当安排,因而还是批准选了他。由于形成强经理、弱书记的格局,书记对经理经营管理上的一些问题或看不出来,或看出来也不敢坚持原则,而只能是一味地迎合他、附和他。二是目前企业党组织书记的工作也确有难处。《企业法》规定厂长、经理有人、财、物管理权,党组织起保证监督作用,但并没有规定哪些事情的决策要经过党委或要有党委书记参加。在这种情况下,当经理的有些事情不愿让党委书记知道时,党委书记连知晓权都没有,更不要说参与决策权了。不知道,也就无法监督,这是必然的。有的同志讲,书记应该大胆去争取应有的权利。可当企业党委书记的也有他的苦衷:当经理的不让知道,不让参与,当书记的要争取知道,争取参与,这必然产生矛盾。而一有矛盾,人家就说你班子不团结,说是书记不好、管多了。因而,倒不如"委曲求全",你让我知道的事,我就管,你不让我知道的事我就不管。在H公司这样的企业里,连党委都监督不了经理,纪检、监察、审计部门就更难对经理起监督作用,按他们的说法,"哪有自己的手打自己的头!"监督下属单位的经理还可以,监督本公司的经理就难了。实际上,就是对下属公司经理的监督、审计,也得按经理的意见办,经理同意查,同意报,才能查,才能报。如,1989

第四章
人才管理：从经营"事"走向经营"人"

年 10 月，H 公司下属单位商业发展公司经济开发部林 XX 贷款人民币 570 万元做生意后携款潜逃，公司有 270 万元追不回。对此，纪检部门写了书面报告，建议举报，但文 XX 为维持公司及个人的面子不同意上报，此事也就不了了之。再如，商业发展公司进出口部长陈 XX，1990 年 1 月走私黄金涉及金额 78 万元人民币，此事被海关发现后，H 公司立案而不上报，目的是想争取内部处理而不公开。结果，到了 9 月份，陈 XX 逃跑了，至今下落不明。我们可以责怪纪检、监察干部没依法办事，而纪检、监察干部也有难言之隐，他们说，既然是经理聘的，吃、穿、住均由经理"给"，不听经理的话，哪能站得住脚跟。

王 XX1986 年到 J 公司任经理初期，工作上勤勤恳恳，别人下班了，他还到处查看办公室的门窗有没有关好，水、电有没有关好。为了提高经济效益，他与下属单位分别签订了承包合同，规定各单位每年要向公司交一定的利润。可是，到期后，下属单位一些承包人不按合同的规定向公司交利润，而是改为给王 XX 等公司领导送"红包"。王 XX 接收了，默认了。有人说，这时王 XX 已经看破"红尘"，产生了"你挣你的，我捞我的"这样一种观念。这时候，企业里假如有力量制约他，也许他不会继续往下滑。可是，就 J 公司来说，没有管委会、职代会，也没有设立纪检、监察部门。虽然有个党支部，但王 XX 既是经理，又是支部书记，公司大小事情都是他一个人说了算，又有谁去制约他呢。往后，他干脆不到公司上班，跟着下属的金腾商场经理张 XX 住到蛇口南海别墅，早上坐皇冠小车到"三都"（晶都、新都、名都）喝早茶，晚上回小别墅听歌跳舞，与 20 多个青年男女混在一起，仅 9 个月时间就花去 62 万元。王 XX 还怂恿并参与其下属合资公司的胡 XX 等人利用下属商场搞账外经营，并提取巨额公款汇往国外，准备好后路。这样，当胡 XX 外逃牵连到他自己，上级也宣布免他的职之后，他感到大势不妙，最后也只好走出逃这条路了。

归结起来，企业内部管理的问题主要表现为下述三个方面：一是过分强调"一个人、一张嘴、一支笔"的作用，在企业里把经理推到至高无上不受制约的地位，因而，素质不高或随着地位的上升而变坏的经理也就可以目无法纪，为所欲为。

111

"人事合一"与"胜任力管理"
来自实践的新理念、新方法

二是在淡化党的领导的背景下，人们认为企业书记可有可无，弱一点没有关系，因而形成了强经理、弱书记的格局，以弱对强、无力制约，党组织的保证监督作用只能成为一句空话。三是在推行经理负责制时，忽视了广大员工的主人翁地位及其参与管理的权力，因而视管委会、职代会为可有可无的东西。J公司五六年来不成立管委会、职代会，有谁管这件事？H公司名义上是有了管委会和职代会，可H公司的干部职工说，那是"聋子的耳朵"，装好看的。

经理外逃事件的接连发生，不仅暴露了企业内部管理上的问题，也暴露了企业外部环境的一些问题。

任何企业都不是孤立的，它总是处于一定的社会经济环境之中，它的活动，理应受到上级主管单位的制约，受到政府经济管理、经济监督等有关部门的制约。假如企业整个外部环境的制约是比较健全的、有效的，那么，尽管企业内部失去制约，企业出现的很多问题，包括经理携款外逃的问题还是可以避免或大大减少的。但从调查的情况看，企业外部的制约机制也存在比较多的漏洞，有许多空子可钻。

就企业上级主管部门的情况看，主要存在下述几个方面的问题：

其一，摊子铺得太大，管理幅度过宽，管理不过来。企业集团公司一般都有几十个多至百来个下属二级公司。如，H公司的上级公司下管二级公司有29个，每个二级公司又有三四级公司20~30个，集团对二级公司的管理与监督已感到吃力，更难管到二级公司下属的三四级公司。H公司本身经营管理上有问题，但上级集团公司很难从账面上查出来，因为经理文XX更多的是利用下属的公司或商场搞非法经营。因此，三四级公司是集团公司管不到的"空间"，往往成为一些企业经理钻空子，搞非法经营的大本营。这个问题在其他集团公司也普遍存在。

其二，干部考察制度不健全。经理任职三年期间，上级主管部门基本上不做考核工作，而是待换届前才组织工作组考察，如碰上人手不足，就从下属单位临时抽调人参加。这样，考察者对企业情况不熟，企业干部、群众对工作组缺乏信任感，换届考察也很难了解到真实、全面的情况。其实，在经理任职三年期间，经理的思想、作风可能发生很大的变化，上级主管领导和有关干部管理部门如不加强联系，掌握他们的思想变化情况，不及时对经理进行必要的教育和培养，是很难把经理真正管好的。其结果往往是等到出了大问题，再去"擦屁股"。H公司的文XX就是在一片赞扬声中外逃的，这使得上上下下都感到出乎意料之外。

其三，评价经理偏重企业的发展与经济效益，忽视企业发展的方向与道路问题。由于企业是经济实体，衡量一个企业的经营管理是否成功，看经济效益是否上去了，应当是考核企业经理是否称职的重要依据之一。但是，如果因此而忽视了企业的发展方向，光看到企业经济效益好，不问企业赚钱是否走正道，那是很危险的。

H公司经理文XX潜逃前，上上下下都说他好话，认为H公司从借来的三万元家当起家，5年后发展到拥有现代化写字楼1座、大酒楼2家、商场9间、工厂3间，资产总值7000多万元，很了不起，因而把文XX评为优秀党员、先进企业家。就在文XX潜逃的当天，集团公司开总结大会，还准备请他介绍经验，后来因为见不到文XX，才改为由公司党委书记顶替。这不能不说是一个深刻的教训。

经理外逃事件的接连发生，有企业内部管理的问题和上级主管部门管理上的问题，也有政府有关部门管理上的问题。通过对H公司这一典型的解剖，我们可以清楚地看到问题的方方面面。

（一）涉及海关管理方面的问题

据工作组调查，H公司在进出口贸易中与内外商勾结，通过"以少报多，以低价报高价"的手段，大量骗取国家的退税款。那么，这里就提出一个问题，商品出口是要经过海关检查的，H公司多次"以少报多，以低价报高价"，为什么都能顺利通过海关这一"关"？

再有，海关追查H公司走私彩色显像管问题，曾明确提出，文XX须在7月25日至31日这段时间内把问题交代清楚，否则，将采取最高手段，意思是要拘留他。可是，过了7月31日，海关并没有采取最高手段，而文XX也就在几天后（8

月3日）潜逃了。据说，九龙海关没有及时采取措施，是因为上级海关某领导的秘书写来了条子，传达了某领导的意思，说H公司这件事放慢处理，这究竟是为什么？

（二）涉及国家外贸管理方面的问题

H公司进出口一部部长曾XX与上海来的陈XX凭一张H公司的便条，就能获得国务院某办公室政策组批准进口30万套彩色显像管元件，并在国家经贸部立了户头。"政策组"可签批进口彩管元件，居然也有人认账，实在令人费解。

（三）涉及金融管理方面的问题

按规定，没有集团公司担保，H公司不能从银行贷款，但文XX不用集团公司担保，照样贷到款。如，H公司未经集团担保，就从某银行贷款100万美元。再如，H公司下属的商业发展公司出口贸易部负责人卓XX于1989年7月与某行开发公司签订联营协议，由某行提供资金，以商业发展公司的名义贷出270万元，但扣下10万元作为银行的利润，商业发展公司仅从某行划出260万元。

（四）涉及工商、税务管理方面的问题

按规定，H公司下设新的企业单位，应由集团公司签署意见，再报政府有关部门审批。然而，H公司未经集团公司签署意见，同样可以领到新建立企业的执照。1990年初，市整顿公司，集团也做出撤并公司的决定，H公司下设的华源贸易公司和商业发展公司改为华源贸易行和商业发展部，市政府也已批准。但上述两公司的牌子至今还在，据说是经工商管理局的有关部门同意的。

据反映，某税务分局的领导及其司机均可带人在H公司酒楼吃饭，吃完不用交款，只签单就行了。而税务部门给H公司的好处是，新办企业三年内税收可免，三年后，经营有困难，提出来，还可免。

（五）涉及公安、检察、纪检方面的问题

据反映，H公司的问题暴露后，有公安局的XX领导为文XX说话。集团公司纪检会曾调查H公司为某检察长换车，并为某副检察长换房子的问题，后接到有关领导通知，说此事由上级检察院的同志查，你们不要再查了。到了后来，

也就没有下文了。某检察院办刊物，H公司赞助了一些钱，某检察院送给H公司一面旗子，挂在文XX的办公室里。受赞助的杂志还登出大篇文章《一条通往生存与发展的路——访H公司经理文XX》，并在封底登载H公司的大幅照片，把H公司誉为"深圳特区企业界的一颗灿烂的明星"。有人反映，文XX的事暴露后，上级纪委也有人为其说话。

（六）涉及宣传舆论工作方面的问题

文XX在出走之前，是"书上有名，电视有影，广播有音"的人物。《风流人物报》编的《当代风流》一书誉其为"企业经营的将才""经营奇才"。

正因为存在着上列种种情况，因而熟悉文XX的人都认为，他是一个路路打得通的"能人"。值得人们深思的是，文XX为什么路路打得通，他是靠什么手段去打通种种的关系的？为了解答这个问题，我们访问了在文XX身边工作的同志，也研究了描述、赞美文XX的访问记和报告文学。我们发现，正如一些记者、作家所说的，文XX这个人对所处的社会环境看得比较透，他清楚地看到，在商品经济存在双轨运行的情况下，企业的竞争是不公平的，企业的成功，取决于许多复杂的因素。在现实的社会条件下，感情这东西很重要，离开了感情，很多事情不可能办成，而感情是靠很多方面的因素维系的。因此，他对"关系户"很舍得感情投资。你要吃饭，他请你吃饭（大酒楼给白白吃掉的有350万元）；你要钱花，他赞助；你要安排亲友工作，他为你安排，就是没有合适的岗位，养起来也可以。当然，他并不是白养，他权衡过，养比不养有价值。有时，养一个比聘几个学经济管理的博士还有作用。而我们的某些政府工作人员，对于文XX的感情投资也乐得接受。他们认为，就目前深圳的情况而言，国家工作人员的物质待遇与企业人员相比，实在太低了，因而接受企业给予的一些好处，似乎也不太过分，而一旦接受了人家的好处，就得给人家方便了。这就是文XX路路打得通的秘诀。这不能不说是一个深刻的社会问题，它的解决，有待于政治体制的深入改革以及整个社会环境的不断改善。

三、对加强制约、管好经理措施的思考

从经理外逃事件的原因分析中，我们可以看到，事件的产生，既有企业内部管理机制的问题，也有外部环境监督制约机制的问题，问题的涉及面很广，关系很复杂。因此，要预防和减少这类事件的发生，必须对企业的内外部环境进行综合治理。根据目前的情况，可考虑采取以下措施：

（一）严格按程序办事，把好经理选拔关

由于经理是企业的法人代表，在企业中处于中心地位，领导企业的生产经营管理工作，经理素质的高低和工作的好坏，直接关系到企业的盛衰成败。因此，选拔聘用经理必须十分慎重，认真考察，坚持德才兼备的原则，严格依照组织程序，择优录用。今后十年，深圳特区要创造"深圳效益"，我们选拔企业经理必须适应这一要求。挑选经理时，首先应该考虑，这个人选能否带动企业上效益，能带动企业上效益的才能选为经理，否则，不能选为经理。与此同时，我们还应该考虑到问题的另一方面，即这个人能否坚持社会主义的经营方向，是靠真本事、真功夫上效益，而不是靠走歪门邪道上效益。怎样衡量一个人具不具备上述两个条件呢？这就要看他具备的政治业务素质及以往生产经营管理的实践，最重要的是看他以往的生产经营管理的实践，那是最真实、最客观，最能说明问题的。此外，要严格按程序办事，以后选拔企业经理，未经民主推荐的不考察，未经组织考察和党、政集体讨论的不提拔。谁推荐、选拔和管理的干部出了事，由谁承担责任。

（二）规定经理行为规范，促使经理自我约束

《企业法》给了经理管理人、财、物的大权，但对经理如何正确行使权力并没有具体规定，因而出现有的经理滥用权力，乱用人，乱决策，有的企业，经理就是"小皇帝"。1988年，深圳市在部分企业试行董事会领导下的经理负责制，曾制定了《深圳市市属国营企业经理厂长工作暂行规定》，对经理厂长的行为加以规范，但那只是对董事会领导下的经理厂长的规范，它并不适用于没有设立董事会的企业经理，为此，有必要通过对《深圳市市属国营企业经理厂长工作暂行

规定》进行修订，进一步规定采用不同领导体制的各类企业经理的行为规范，在放权给经理的同时，教会经理如何正确用权，使经理明确用权时须遵循什么样的行为准则，按照什么样的程序。并严格规定，当经理违反行为规范而给企业带来损失时，将严肃追究其责任，而不是让其拍拍屁股，一走了事，或者是易地做官。总之，要把经理的权力与责任统一起来，以责任制约权力，从而增强经理自我约束的意识。

（三）选配高素质的书记，切实发挥党组织的保证监督作用

过去有一种观点，认为实行经理负责制，经理要强，书记弱一点没关系，因而形成"强经理、弱书记"的格局，这种情况不改变，党组织的保证、监督作用无法发挥。书记能力低原则性差，只能处处附和经理，谈不上保证监督，H公司就是例证。为此，一定要挑选那些党性强、懂业务、善做思想政治工作的人当书记。上级组织部门审批时，要严格把好关，千万不要为了迁就、照顾而降低书记人选的素质要求。

对于党组织书记职务和经理职务是由一个人兼任好还是由两个人分任好的问题，也有不同看法。有的同志认为，为了避免企业党政领导之间的矛盾、冲突，还是以兼任为好。我们的看法是，小企业的经理如符合党支部书记的素质要求，可兼任党支部书记职务，但就大中企业来说，经理、书记的职务一般还是分任为好，分任有利于加强党的工作，发挥党组织的保证监督作用。兼任的话，如经理走歪门邪道，党组织也难以对他起制约作用，J公司的王XX就是一例。至于分任后经理与书记之间可能会出现一些不同意见和矛盾、冲突，那是正常的，并非坏事，不能一概地斥之为不团结。只要处理得好，这种矛盾和冲突可以起到互相监督、互相制约的作用，不同意见的存在与争辩，也有利于企业做出正确的决策。此外，为了加强企业党组织的保证监督作用，必须建立健全领导干部双重生活会制度，定期召开民主生活会，及时沟通思想，认真地开展批评和自我批评。召开企业党员干部的民主生活会时，应请上级组织、纪检的分管领导参加。

（四）健全职工代表大会和管理委员会制度，加强民主管理与民主监督

社会主义国家的企业，理应加强民主管理，民主监督。党的七中全会提出要"全心全意依靠工人阶级，搞活大中型企业"，但现实并不是这样。到1990年底止，深圳国营企业中建立职代会的只有50%（881家），而就发挥作用的情况看，已建立的职代会中，达到要求的不到一半，有52.7%没有达到标准，有相当一部分是"聋子的耳朵"，装好看的。为解决这一问题，可考虑由市政府下通知，要求各企业在规定的期限内，按企业法要求建立健全职代会和管理委员会制度。同时，可明确由市总工会负责检查各企业职代会的建立情况及其履行职能的情况，真正发挥工人阶级在企业中的主人翁作用。

（五）改善企业干部的管理办法，加强对企业干部的教育工作

1. 解决一个领导班子由几家管的问题

现实情况是"三驾马车五条绳"（三驾马车指董事会、党委会、经理班子，五条绳指组织部、工委、人事局、经发局、投资管理公司）。为了贯彻党管干部原则，并实施分层次、分类型管理的办法，企业干部管理的调整，可以考虑分两步走，第一步，把集团（总）公司的领导班子划归组织部管，市直属公司的领导班子仍归市人事局管。第二步，随着深圳市政治体制改革的深入开展，可考虑按行业成立主管局和工委，相应的，对企业的领导班子可考虑采用下述管理办法、市委组织部门处于总揽地位，要对整个企业干部的管理工作起"综合、协调、指导、监督"的作用，同时受市委委托，具体管理各集团（总）公司领导班子。而各行业主管局的工委则分管所属企业的领导班子（集团、总公司的领导班子除外）。在干部管理问题上，各行业工委要接受市委组织部门的指导、监督和协调。总之，在企业干部管理问题上，要有总揽有分管，有总揽可避免政出多门，有分管可避免管得过多，管不过来。

2. 加强考察、教育工作

事实表明，犯错误的经理中，多数人并不是一开始就是坏的，而是上任后，随着时间的推移、职位的提高、权力的增大、环境的影响慢慢地发生变化的。而

在他们开始下滑的时候，开始胆大妄为的时候，得不到上级组织、上级领导的教育帮助和批评劝阻，因而在错误的路上越走越远。为此，上级主管部门对各企业的领导班子要做到平时考核与定期考核相结合。平时，上级主管部门的领导应适当分工，每人负责重点联系几个下属企业的领导班子，经常了解他们的经营情况和思想变化情况，帮助他们解决一些实际问题。至于定期考核，至少每年要考察一次，可分期分批进行。考察小组应以主管部门的人员为主，适当抽调有关单位的人员参加。考察后，应把考察结论及时反馈给上级主管部门的主管领导，并由分管领导找考察对象谈话，该批评教育的要及时给予批评教育。

3. 实行重奖重罚制度

对于经营方向正确，经营效益好的企业经理，要给予提职或精神、物质上的奖励。超过承包经营目标的部分，可考虑给予一定的提成奖，对于违反经理行为规范而给企业带来损失的，要酌情给予处罚。严重的，该坐牢的要坐牢，该赔款的要赔款。

（六）加强对有关管理部门和领导干部的监督，完善社会制约机制

企业经理的行为，本来是受到社会的制约的，如工商、税务、金融、海关、审计、监察、公安、检察、法院、宣传舆论等部门均从不同的方面，对企业的经营产生一定的管理和监督作用。但就现实情况看，由于双轨并存，现有的一些法规不是很严密，弹性较大，因而执行起来受执法者感情因素的影响较严重，有的企业经理也就钻这方面的空子。通过感情投资的办法，别人拿不到的指标，他拿到了，别人通不过的关卡，他通过了，当问题败露时，还有人为其说话。这就使一些经理感到有恃无恐，敢于胆大妄为。为解决这个问题，必须做到：一是加强对有关部门、有关领导的监督，对收受好处，执法中明显违反有关规定或失职渎职的，要严加惩处。二是查处过程中，任何部门、任何领导不得干预，对干预者要严加查处。三是加强对新闻机构的管理，对收受好处、报道失实的要严肃处理。

（七）要广泛发动人民群众进行监督

对揭发、检举贪污、贿赂犯罪分子以及企图潜逃或正在潜逃的犯罪分子的

有功者，要按照《广东省保护公民举报条例》给予保护，并给予奖励，以提高人民群众同贪污、贿赂犯罪分子做斗争的积极性，保证企业沿着社会主义方向健康发展。

CHAPTER5
第五章

绩效管理：从"业绩管理"走向"三力系统"

"人事合一"与"胜任力管理"
来自实践的新理念、新方法

第一节　创立"三力系统"，推动企业又好又快发展

"三力系统"是宝安集团公司20多年改革和发展过程中经验的总结、优化和提升，对于推动企业又好又快发展具有重要而深远的意义。近一年来的实践证明，"三力系统"是一套具有实用价值和通用价值的人力资源管理创新系统，值得我们认真总结和推广。

一、"三力系统"提出的背景

宝安集团是新中国第一家股份制企业。集团成立于1983年7月，于1991年6月上市。集团发展的定位为：建设一个以高新技术产业、房地产业和生物医药业为主的投资控股集团。自2006年以来，我们先后制定了《宝安集团战略纲要》和《宝安宪章》，提出了从2007~2020年的发展目标及经营策略。集团的发展规划分三步走。第一步，到2010年，净资产20亿元以上，总资产50亿元以上，营业收入40亿元以上，净利润3亿元以上，股票市值100亿元以上；第二步，到2015年，净资产50亿元以上，总资产100亿元以上，营业收入100亿元以上，净利润6亿元以上，股票市值150亿元以上；第三步，到2020年，净资产100亿元以上，总资产200亿元以上，营业收入200亿元以上，净利润10亿元以上，股票市值300亿元以上。这就意味着在今后的十多年间，我们每年平均递增要达到20%以上。也就是说，在今后的日子里必须做到又好又快地发展，才能实现集团的战略目标。

那么，靠什么力量才能推动一个企业实现又好又快发展呢？

这就是我们必须考虑和解决的问题。正是在这样的背景下，为了使企业的整个管理体系，特别是人力资源的管理体系能够适应企业战略发展的要求，集团董事局主席、总裁陈政立先生提出了建立"三力系统"的构想。

二、"三力系统"的基本思路

"三力系统"的核心思想为：一个经济组织要实现又好又快发展的战略目标，必须有压力、动力、活力三种力量的推动。其中，压力来源于目标，动力来源于激励，活力来源于竞争。因此，要相应建立可操作的目标管理系统、激励系统和具有竞争性的选拔和退出系统。

我们把上述三个系统概括为压力系统、动力系统、活力系统，简称为"三力系统"。

"三力系统"的创新特色主要体现在以下几个方面：

第一，就内容而言，它突破了传统人力资源管理的界限，把一个企业集团的战略管理、营运管理、人力资源管理有机地结合起来。从"三力系统"各个部分的内容来看，"压力系统"的核心内容是集团战略目标及年度运营目标的设定、跟踪、考核等，其中战略目标的设定及分解属于战略管理的内容，年度运营目标的设定、跟踪、考核属于运营管理的内容。"动力系统"的核心内容为员工激励的十个体系，属于人力资源管理的内容。"活力系统"的核心内容为管理干部选拔办法和能力素质差的员工的退出机制，也是属于人力资源管理的内容。

第二，就方法而言，"三力系统"反映了企业对干部和员工管理的三个阶段。初级阶段是单纯注重压力，以高强度、强制性的制度和要求，来规范和约束员工的行为；中级阶段是奖励加惩罚，实行约束和激励并存，通过经济利益和个人荣誉的驱动，有效地调动管理人员和广大员工积极性；高级阶段是基于能力建设的人才管理，以员工能力提升、企业和员工共同成长来驱动企业进步，实现真正的人力资本管理。宝安集团在实践中制定和实施的"三力系统"，努力做到"三力合一"，从理念和实践角度来看都具有一定先进性。

第三，就功能而言，压力系统重在提升业绩，动力系统重在改善态度，活力系统重在提高能力。三者之间，相互依赖、相互支撑。公司业绩的取得必须依靠员工的态度与能力去支撑，而员工态度的改善和能力提高的方向与目标则必须适应企业业绩提升的要求。

三、"三力系统"的主要内容

"三力系统"的主要内容分为三个部分，第一部分为压力系统，第二部分为动力系统，第三部分为活力系统。

（一）压力系统

压力系统指的是通过推广目标管理模式，为集团及所属单位设定高标准、严要求的业绩指标，并层层分解到基层业务单位和每位员工身上，把组织的压力转化为每个人的压力，做到"千斤重担人人挑，人人头上有指标"，从而促进员工能力提升和企业经营业绩的提升。我们的目标管理体现了"指标从高、任务从难、压力从大、时间从紧、跟踪从实、考核从严"的原则。

压力系统操作方案的制订既借鉴了彼得·德鲁克的"目标管理"思想，也总结了我们自己的实践经验。

彼得·德鲁克在《管理的实践》一书中，首先提出了"目标管理"的主张。他认为，企业的目的和任务必须化为目标，企业的各级主管必须通过这些目标对下级进行领导，以此来实现企业的总的经营目标。

就我们自身的实践经验而言，早在2002年，集团就对所属单位采用了目标管理的方法，后来又引进了业务管理的"4R模式"，强调了过程的跟踪。在设计"压力系统"的运作模式时，我们又把目标管理提高到一个新的水平，在设定下属单位的目标之前，首先设定集团的战略目标和年度总目标，再层层分解到部门、所属企业及每位员工。

宝安集团目标管理系统的内容可以概括为"两个层面"和"三个阶段"。

1. 两个层面

"两个层面"指的是集团总部和所属企业两个层面，即总部有总部的目标管理模式，所属企业有所属企业的目标管理模式。

总部目标管理的负责人为集团总裁，牵头部门为绩效管理部。其主要功能包括：设定集团战略目标及年度总目标；通过对集团总目标的分解和上下协调，确定所属单位经营目标；对各单位目标完成情况进行核实、验收和评定；核定各单位的业绩年薪和年终奖金等。

所属企业目标管理的负责人为董事长、总经理，牵头部门为办公室（行政部）。其主要功能为：对集团下达的经营目标进行分解，与公司各部门、各基层业务单位签订年度经营目标责任书；对所属单位和个人进行考核，并依据考核结果实施奖励和处罚。

2. 三个阶段

"三个阶段"指的是，无论是总部的目标管理模式，还是所属公司的目标管理模式，均分为三个阶段进行。

第一阶段为目标设定。目标的设定，包括集团总目标的设定、总部各部门目标的设定、所属各二级企业目标的设定及员工个人目标的设定等四个层面。目标的设定是整个目标管理系统的基础及关键所在，其设定是否科学合理，关系到系统运作的成败。在目标设定过程中，要注意处理好几个问题：一是总目标与分目标的关系，二是目标的挑战性与可达性的关系，三是业绩目标与行动计划的关系。

第二阶段为目标的跟踪。在目标跟踪过程中，须重点关注如下几个问题：一是目标跟踪的原则：包括确保目标原则；及时性原则；快速行动原则；突出重点的原则。二是目标跟踪的基本方法：包括定期填报目标跟踪单；定期、不定期地召开质询会；汇总、上报改进行动报告。三是目标跟踪的工具：包括员工工作目标跟踪单；质询会议程表；工作改进行动报告。

第三阶段是目标的考核。在目标考核的过程中，须注意的有如下几个问题：一是考核的目的。就员工业绩考核而言，考核的目的不仅在于评定一个分数，从而确定薪酬、奖金，更重要的在于通过考核、分析和评估，帮助员工提升其业务能力和综合素质。正如美国管理学者弗雷德·鲁森斯在其所著的《组织行为学》一书中谈到如何实现高绩效管理时指出的那样，"评估是诊断性的而不只是估价性的。这意味着下属的管理者应该去衡量为什么目标被实现或者未能实现，而不是失败了就给予惩罚，成功了就给予奖励而已"。二是考核结果的反馈。沟通内容首先是围绕对工作的评价交换意见；其次是探讨为什么有些目标实现、而有些目标未能实现的原因；在此基础上，明确今后努力的方向，商讨制订下一年度的业绩目标。

（二）动力系统

动力系统指的是通过建立一套有效的激励系统，充分调动每个员工的积极性和创造性，以实现把企业做强做大的目标。这一系统包括薪酬体系、共享体系等十个体系，每个体系中又包括了多个激励项目。

动力系统的制订，是对我们原有的一些激励手段的整合，也吸收了国内外的一些新的激励方法和手段。其中对"共享体系"的设计，就吸收了罗默的全要素分配理论。罗默的增值要素为劳动、资本、技术、知识等。该理论强调根据各生产要素在不同历史时期或同一时期的不同发展阶段的价值增值过程中的作用大小，决定其剩余索取权的大小，并进行相应的剩余分配。

动力系统的基本内容包括三个方面、十个体系。三个方面为物质激励、精神激励、工作激励。十个体系为薪酬体系、共享体系、福利体系、奖罚体系、荣誉体系、关怀体系、晋升体系、认可体系、培训体系和其他激励。

1. 物质激励方面的重点为薪酬体系与共享体系

在薪酬体系方面，我们分为集团总部的薪酬体系和所属公司的薪酬体系。总部的薪酬体系包括两部分，一部分为经营者薪酬制度。其薪酬结构为基本年薪＋业绩年薪＋股票（期权）[股票（期权）目前尚未正式实施]。另一部分为员工薪酬制度。其薪酬结构为岗位工资＋业绩工资＋部门效益奖金。在实施上述薪酬体系时，将各部门的综合考核分数作为调节系数。

所属公司的薪酬体系也包括两部分。一部分为经营者薪酬制度，其结构为基本年薪＋业绩年薪＋红股。红股享有分红权，无所有权。经营者获得红股，可参加企业当年的利润分红。另一部分为员工薪酬制度，其结构和总部的员工相同。

在共享体系方面，我们明确提出：共享制激励是对企业经营者与业务骨干的一种长效激励方式。因为，我们认为，如果让企业经营者与业务骨干直接参与到对企业经营成果的分配，对其在财富创造中的价值给予肯定与回报，能够有效地增强他们对企业的忠诚度，调动他们工作的积极性和主动性，使经营者更好地为企业长远发展做出贡献。

共享制激励的对象为企业的高中层管理人员、技术骨干、业务骨干。

共享制的实现方式包括：

企业利润共享：主要通过利润分成和红股两种方式实现。

企业股权共享：主要通过经营者直接购股、核心技术入股、增量奖股、合伙入股四种方式实现。

企业价值共享：主要通过股份、期权的方式实现。

目标共享：主要通过设定目标的方式实现。

2. 精神激励方面的重点为荣誉体系

荣誉体系包括评选表彰先进集体、先进个人，树立先进典型等。

根据集团的价值观，公司设定的先进典型分为创造财富、艰苦创业、锐意创新、敬业负责、客户服务、市场开发、产品开发、成本控制、合作进取、学习成长、培养人才等十几类。

先进与先进典型有联系，也有区别。先进典型是先进中的先进，是员工学习的榜样。先进典型并不是十全十美，而是在某一方面有突出的表现。先进典型的成长，需要企业不断地发掘、栽培、浇灌、宣传和呵护。

此外，我们还设置了宝安勋章和长期服务奖章等精神奖励。

宝安勋章的评选是集团对员工个人的最高级别的奖励，用以表彰在各个方面为集团做出卓越贡献的个人。

长期服务奖章分为5年服务奖（发给铜质徽章一枚）、10年服务奖（发给银质徽章一枚）、15年服务奖（发给黄金质徽章一枚）、20年服务奖（发给白金质徽章一枚）、25年服务奖（发给钻石徽章一枚）。

3. 工作激励方面的重点为晋升体系、认可体系

晋升体系中规定了经理人的晋升办法，明确了晋升的原则、条件及通道。

晋升的原则为：集团鼓励支持经理人快速成长，并使出类拔萃、成绩突出和有重大贡献的人得到提拔或破格提拔。

晋升的条件为：经过"三项评估"，价值观评价和能力评价均在80分以上、业绩评价连续两年为A者（排位在前面的20%为A类），或连续两年业绩考核分数都在前三名的可优先考虑晋升。

晋升的通道包括在原所在企业晋升到高一级职务；到集团同类别的其他企业担任高一级职务；到集团高一类别的企业担任同级的职务；在集团内部其他单位担任高一级职务。

认可体系，包括一分钟表扬、适当授权、参与管理、集思会、合理化建议等。一分钟表扬的关键，在于能够用一种欣赏的眼光去发现每一位员工身上闪亮的地方。

适当授权，既给自己机会，也给下属机会；自己可腾出时间办更大的事，而下属则有了施展拳脚的机会。

所谓集思会，就是借鉴国外企业管理中流行的"头脑风暴"，组织公司高层管理团队成员、中层业务骨干和部分优秀员工参加，请他们为集团或公司的发展出谋献策，对公司各个部门和生产经营环节的管理和运营中存在的问题，毫无保留地提出自己的改进意见或建议。

（三）活力系统

活力系统指的是在人才选拔和人员退出的过程中建立竞争机制，坚持"凭能力吃饭，靠业绩晋升"的原则，做到"能者上、庸者下、平者让""用新、励旧、去庸"的政策，把合适的人、有能力的人推举到合适的岗位上，让他们在岗位上施展才华，推动公司利润的增长。同时要把那些能力差、不适应企业发展的人请退出企业，从而增强整个公司的活力。

活力系统的建立，总结了集团的人力资源管理改革的实践经验。过去集团总

第五章
绩效管理：从"业绩管理"走向"三力系统"

部和所属企业曾多次试行过竞聘上岗，但尚未形成一套完整、规范的选拔办法和退出机制。活力系统的设计，在总结原有做法的基础上，对过去的管理办法进行了改进和优化。在改进和优化的过程中，我们学习、参考了戴维·麦克莱兰的"资质理论"和杰克·韦尔奇的"活力曲线分布理论"。

戴维·麦克莱兰提出，"资质"指的是"能区分在特定的岗位和组织环境中绩效水平的个人特征"。换句话说，所谓资质，就是特定的组织环境、特定的工作岗位、特定的绩效标准所要求的个人特征。资质要求不仅包括知识、技能方面的特定要求，也包括态度、个性、价值观等方面的要求。我们认为，戴维·麦克莱兰的"资质理论"对于制订人才选拔的标准有重要的指导意义。

杰克·韦尔奇认为，在企业里工作的人员来公司的目的、要求、个人的知识、文化背景、受教育程度、所学专业、家庭环境、个人兴趣、自身爱好、性格特征都不一样。大致可分为三种类型：A类为有知识、有技术、有能力、有活力、有悟性、有激情的人。他们大约占总人数的20%。B类为随大流左右摇摆的人，他们有知识但不够，有技术但不精，有能力但不强，有活力但不足，有悟性但不高，有激情但不持久。他们在公司是大多数，大约占总人数的70%。C类为那些知识不多、技术不强，能力差，态度又不好的人（不善于与人合作，又不愿上进者），大约占总人数的10%。如果用数学模型来表示，一个公司的员工的活力曲线呈正态分布状。因而有人把它称为人才活力正态分布理论。通用公司采用科学测评办法，测试出员工的综合素质水平，实行奖励优秀、帮助一般、淘汰后进的人力资源管理政策。这对我们建立活力系统实施"末位淘汰"同样有着重要的指导意义。

"活力系统"的内容包括选拔办法和淘汰办法。

1. 选拔办法

选拔办法分为总部经营管理岗位的选拔和所属公司经营管理岗位的选拔。

对总部和所属公司的各级岗位的选拔，均明确规定任职资格、选拔标准、选拔的方式及流程。

任职资格包括资历、学历、工作年限、入司时间等。重点是资历，一般而言，

"人事合一"与"胜任力管理"
来自实践的新理念、新方法

应聘某一级别的职务,须有担任同级职务或该职位下一级职务的经历。

选拔标准包括业绩标准、能力标准和品德标准,我们分别制订了各级岗位的"业绩指标模型""胜任力模型"和"品德模型"。

选拔的方式分为竞聘制、选任制、提名制、组阁制。主要方式为竞聘制。对各种不同的选拔方式规定了不同的流程。在选拔程序中,须特别强调的是做好岗位分析,明确任职者必备的核心胜任力,从而确定干部的素质标准。只有把标准确定好,再通过相应有效的测试方式去测评,才能选拔出合适的人选。

2. 人员退出机制

人员退出机制包括末位淘汰、不合格淘汰和富余淘汰等三种。

末位淘汰是指集团为激发组织的活力,通过科学的评价手段,对员工进行排序分类,对排名在后面的员工,以一定的比例予以调岗、降薪、降职。末位员工的确定办法是根据绩效考核成绩(考核周期为一年),对同一岗位系列或同一职务层次的员工进行排序,分为A、B、C类,其比例分别为20%、70%、10%。末位淘汰评估委员会对一个考核年度的C类员工进行综合评议,确定最终的末位员工。

不合格淘汰是根据集团任职资格管理办法,定期对现有岗位员工进行任职资格审核,对不符合任职资格要求的员工予以调岗、降薪、降职。

富余淘汰是指当企业需要精简机构、压缩人员时,通过"选拔""提名""组阁"等方式,选择部分优秀员工留任,而未被选择留任的富余员工自然被请退。

在实施淘汰办法的过程中,必须高度重视对被淘汰人员的安置问题。我们在《中国宝安集团经理人选拔、淘汰办法》中提出了被淘汰经理人的九条出路,包括"往下走""往内走""往外走""自主创业""内退"或"离岗退养"、一次性补偿、安排脱产学习,担任集团的调研员、巡视员或助理调研员、助理巡视员、等待安排等措施。通过这些措施,使绝大部分退出人员满意。

四、"三力系统"的实施效果

《宝安集团"三力系统"操作指南》制订后,我们于2007年2月发出实施

第五章
绩效管理：从"业绩管理"走向"三力系统"

"三力系统"的通知，3月组织召开"三力系统"推广会，4月发出"三力系统"实施情况的检查、验收标准，5~7月组织"三力系统"执行情况现场检查，9月召开实施"三力系统"经验交流会，总结前段实施情况，并选择三家先进单位在会上分别介绍实施压力系统、动力系统、活力系统的经验。实践表明，"三力系统"的建立与推广，已经取得了可喜的成效，主要表现在以下几个方面。

第一，通过实施压力系统，在年初合理设定集团的总目标及所属各单位的分目标，在年中加强对各单位目标完成情况的跟踪及监督，在年底严格进行目标考核及沟通、反馈，有效地推动了各单位业绩的提升。例如，集团所属的贝特瑞公司在实施"三力系统"的过程中专门成立了利润中心，负责公司指标的分解、下达、跟踪、考核等工作。他们工作到位，成效明显。集团原先下达的销售指标为9000万元，公司提出的挑战性目标为14000万元。他们将公司的目标分解到分管领导、各部门，各部门分解至每个月。部门目标分解到每个人，每个人制订周计划及日计划。跟踪方式采用利润中心检查与各级管理人员对下属的检查相结合的方式。考核办法依据各部门提供的数据进行评分，考核结果与员工的薪酬调整和职务升降结合，有效地推动了业绩提升，其销售总收入的增长率达到113%，净利润的增长率达到111%，市场占有率为国内第一、世界第四位。

第二，通过实施动力系统，采用物质激励、精神激励、工作激励等手段调动员工的积极性，有效地提高了员工的士气及满意度，对公司各所属企业的经营业绩的提升产生了积极的影响。比如，集团控股的武汉马应龙公司针对员工的需求层次设立激励措施：

（1）针对生理需求，推行岗位价值工资制、面议工资制和高管、骨干参股制等，优化员工工作的环境、氛围。

（2）针对安全需求，为员工办理国家规定的"五险一金""雇主责任险""团体福利年金"等。

（3）针对社交需求，成立各种社团组织（如网球协会等），开展定期专题活动（拓展训练、危机案例比赛等）。

"人事合一"与"胜任力管理"
来自实践的新理念、新方法

（4）针对自尊需求，出台《业务序列晋升制度》《操作技工晋升制度》，推出《先进评选及奖励办法》和《重大项目悬赏激励管理办法》。

（5）针对自我实现需求，加强继任者培养，推动员工职业生涯的发展。强化资产运营，延伸员工的舞台。

各项激励措施对公司业绩增长发挥了积极的作用，到2007年9月份，已实现利润近15亿元，超额完成全年指标。

第三，通过实施活力系统，试行竞聘上岗，各级组织及员工的活力得到有效激发。

武汉房地产公司于2007年3月开展全员竞聘上岗，将现有在岗员工全部归零，即员工全部"下岗"，然后岗位全部公开，实行全员竞争上岗。这次竞聘上岗的特点，一是规模大，涉及除公司领导班子成员外的107名员工，缩编目标20%。二是岗位多，从营销副总监到销售人员，共57个岗位。三是竞争激烈，多数岗位的竞争比例为3∶1，最激励的策划岗位，竞争比例为5∶1。其基本做法为：事前准备充分，事中快速实施，事后妥善安排。事前，他们进行岗位工作量分析，依据工作量分析结果和业务发展需求，进行定岗定编。在此基础上完善10个部门的部门职责、38个职位的职务说明书。并用近半年的时间进行宣传、动员、摸底、排队。而完成竞聘程序仅用几天时间。随后，在做好下岗人员的安置工作方面下了大量的功夫，保证整个过程平稳有序进行。

武汉房地产公司的全员竞聘，调动了活力，平时"只做不说"的人有了展示机会，让领导刮目相看。有领导感慨地说，没想到员工在竞聘中有这么多的想法和创意。在竞聘中，重新选拔了一批中层干部共18人，妥善处理了一批不合格或不称职的员工共有10多人。

五、"三力系统"的优化、细化、深化

宝安集团在下发"三力系统"操作指南的通知中指出，"三力系统"的建立与实施是一项新的举措，鼓励各单位边实行、边完善、边提高。2007年底，集

团在总结实施成效的同时提出"三力系统"优化、细化、深化的问题。

所谓优化，指的是对"三力系统"中一些不够完善的地方加以修订，使之更加完善。

所谓细化，指的是对"三力系统"中一些不够精细的地方加以补充，使之更加精细。

所谓深化，指的是对"三力系统"的理解由浅入深，对"三力系统"的执行由点到面。

就实际操作而言，"三力系统"的优化、细化、深化往往联系在一块，难以截然分开。比如说，在对末位淘汰办法进行优化的过程中，就伴随着员工业绩考核办法的细化与深化；在对管理干部的素质模型进行细化的过程中，也伴随着对干部制度的优化和深化；在对"共享制"进行深化的过程中，也伴随着对分配制度的优化与细化。

"三力系统"优化、细化、深化的主要内容是：

（一）压力系统优化、细化、深化的主要内容是实施标杆经营、标杆管理

压力系统的核心内容是目标管理。在设定目标的时候，我们不能只是按照自己昨天的目标和今天的目标来设定明天的目标，我们必须以行业内最优秀的同类企业作为标杆，以它们的经营指标和管理指标作为参照的数据来设定我们的目标，并制订出学、赶、超的规划及行动措施。只有这样做，才能使我们的企业发展又好又快。

现集团正在制订《关于标杆经营、标杆管理的实施办法》，根据集团的行业分布情况，分为高新技术产业、房地产业、医药业、其他产业等四个板块，分别找出各行业内同类企业的前 3 名作为标杆企业，再找出它们的经营指标、管理指标及相关数据，在此基础上，再找出我们自己各项相关指标的差距，并制定学、赶、超的规划和行动措施。

（二）动力系统优化、细化、深化的主要内容为"共享制"的试点及推广

动力系统的核心内容为薪酬体系和共享体系。

就共享体系的实施情况而言，已在部分企业进行了试点。如在高新技术企业贝特瑞公司已试行了增量奖励和技术入股；在地产企业惠州公司、贵州公司已试行了红股分配制度，在武汉、海南等公司也已试行了利润分红制度；在医药企业武汉马应龙的下属公司已试行了"项目合伙制"。上述试点，均已取得一定成效。集团将认真总结上述公司的经验，在全集团的范围内逐步推广。所属公司具备推广条件的，均可提出试行共享制的申请，报集团批准后实施。

（三）活力系统优化、细化、深化的主要内容为管理干部任职资格制度的制定与实施

活力系统的核心内容为管理干部的选拔晋升机制和不适应员工的退出机制提供具体的实操性办法。在干部选拔办法中，公司已形成建立了管理干部素质模型的一个雏形，其中包括业绩模型、胜任力模型和品德模型。当然，这个模型毕竟只是一个雏形，因而存在一些不完善的地方，比如说，对各项胜任力的评价虽然有了一个总的标准，但还没有细分出层级标准；对各项胜任力的评估虽然也已采用民主测评的方式进行测试，但方法毕竟比较单一，有待补充和丰富，使其测评结果更为客观、公正。

现在，宝安集团正开展管理干部任职资格项目的设计与实施工作，聘请有关人力资源管理咨询机构的专家介入，与集团人力资源管理部门共同解决管理干部素质标准的设计与认证问题。管理干部的素质标准出台后，集团将采用这套标准评估、选拔和培养干部。

总之，"三力系统"在宝安集团推行一年来，已经取得一些经验和可喜的成绩。我们将对这套系统不断地优化、细化、深化，以推动企业战略目标的实现。

第五章
绩效管理：从"业绩管理"走向"三力系统"

附：张德点评中国宝安集团人力资源总监张育新演讲

2007—2008 第三届中国人力资源管理大奖（CEHRA 赛拉）颁奖典礼暨峰会于 2008 年 4 月 12-13 日在北京全国人大会议中心举行，新浪财经视频直播本次会议。以下为清华大学的教授张德点评中国宝安集团人力资源总监张育新所做《创立三力系统，推动企业又好又快发展》演讲。

张德：不是点评，我讲四点体会：

第一，宝安集团是一个有开拓精神的企业。"三力系统"是一个开拓性很好的做法。讲到中国的改革开放，今年是 30 年了，大家都会想到深圳，深圳是改革开放的桥头堡，也是先锋。讲到深圳就提到第一批企业，包括宝安集团，我们股票市场的深宝安。这些企业是中国制度创新的一批先锋，宝安集团有几个第一。中国的第一家股份公司、第一家发行股票、第一家发行认股权证，同时它也是第一批上市的。"三力系统"是人力资源制度创新的成果。

第二，"三力系统"主要的价值，就在于体现了人力资源管理的三个特点。人力资源管理跟传统的人事管理主要的区别就是三点：战略性、激励性、动态性。

"三力系统"恰恰在这方面体现得比较好。它的压力体系通过目标管理，跟企业战略目标的实施挂钩。动力体系有四个部分，一个是薪酬体系，一个是共享体系，一个是精神激励，一个是工作激励，这跟传统的人事管理是不同的。传统的人事大多是铁饭碗、是缺乏激励效应的。活力系统主要是通过竞聘上岗、末位淘汰这个办法，使得企业的人力资源不是一潭死水，扔进了几个石头让它变得有活力，我的理解是这样的。它实施的效果是很不俗的，它的压力体系有效地提升了工作业绩。它的动力体系有效地提升了员工的士气；它的活力体系有效地提升了员工素质，所以我觉得他讲得很好。

第三，压力体系、动力体系、活力体系我觉得不能分开，我觉得这三个应该是转换的。它在实施的过程当中必然会转换，比如说压力体系，大多数的员工能把压力变成动力，没有由压力变成动力的转变是做不好的。压力变成动力以后会促进活力的产生。动力体系也是一样的，动力体系主要的理念是什么呢？就是多劳多得，奖优罚劣。动力体系也是从压力体系开始的，最后有了动力以后大家都焕发了积极性、创造性，才有活力。所以我觉得活力系统也是一样的，活力系统是竞争机制，每个人都感觉到有竞争的压力。比如说现在当处长到时候要竞聘，你干不好别人要替代你，压力很大。有些员工想做中层干部肯定变成动力了，竞争的压力变成动力他肯定工作得更好，由一个普通的工人变成基层干部，而且有了这些以后才能出现活力。在实践过程当中我们要研究什么环节转变得比较好，最终有效地提升业绩。

第四，它的经验本质上是什么呢？"三力系统"从根本上来讲是缔造了一个企业内部的有效激励机制。有效激励是人力资源管理一个核心的目标。行为学派有一个观点说管理就是激励，我认为早期的人力资源管理最主要的功能，就是怎么样有效激励。宝安集团的压力体系、动力体系和活力体系是有效激励的三个渠道。

从这个意义上讲，我觉得它有普遍的意义，对其他的企业有借鉴作用，我就讲这四点建议，谢谢大家！

第二节 "双轨制"绩效管理操作方法

一、绩效管理的目的

绩效管理的目的在于推动公司战略目标和经营目标的达成及员工胜任力的提升，同时为所属单位及员工绩效薪酬的确定提供客观依据。

二、绩效管理的指导思想

以集团的"三力系统"为指导，以公司的战略目标和经营目标为原点，构建一个完善的绩效管理体系。每一年度的绩效管理包括：目标的设立与分解、目标的跟踪与改进、目标的考核与反馈、考核结果的应用四个环节。在构建了公司的胜任力标准体系之后，实施基于胜任力的绩效管理，强调"双轨制"，即不仅注重业绩目标的设定、跟踪、考核，也注重胜任力提升目标的设定、跟踪、考核，变单轨制为双轨制，且双轨制贯穿于绩效管理的全过程。

三、绩效管理的流程

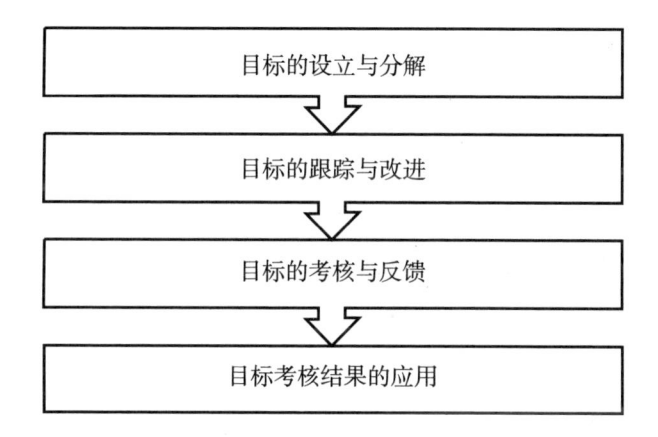

```
┌─────────────────────────┐
│      目标的设立与分解        │
└─────────────────────────┘
            ↓
┌─────────────────────────┐
│      目标的跟踪与改进        │
└─────────────────────────┘
            ↓
┌─────────────────────────┐
│      目标的考核与反馈        │
└─────────────────────────┘
            ↓
┌─────────────────────────┐
│     目标考核结果的应用       │
└─────────────────────────┘
```

四、绩效管理的方法

（一）目标的设立与分解

1. 业绩目标的设立与分解

公司以集团每年下达给大地和的绩效指标为起点，采用业务逻辑分析的方法层层分解。首先将公司的绩效指标分解转换为各个中心（一级部门）的绩效指标，其次将各中心的绩效指标分解转换为二级部门的绩效指标，再将各二级部门的绩效指标分解为各岗位员工的绩效指标，确保"千斤重担人人挑，人人头上有指标"。

（1）公司绩效指标的分解：采用《公司绩效指标分解表》，见下表。

"人事合一"与"胜任力管理"
来自实践的新理念、新方法

公司绩效指标分解表

公司年度绩效指标(2015年)	各职能部门	衡量合理贡献的因素	主要绩效指标	各项指标的指标值(分别设定)
1. 财务指标 2. 经营指标 3. 管理指标 4. 其他专项指标	研发中心	①研发项目	①研发项目数	
		②技术先进性	②技术专利数量	
		③商业价值	③新产品销售收入占比	
	采购中心	①供应及时	①供应及时率	
		②品质合格	②物料品质合格率	
		③成本降低	③采购成本下降率	
	制造中心	①产量达标	①生产计划完成率	
		②质量合格	②产品质量合格率	
		③制造成本降低	③制造成本下降率	
		④库存控制	④库存下降率	
	营销中心	①销量	①销售收入	
		②客户开发	②新客户开发数	
		③市场拓展	③新增市场领域	
		④应收款催收	④应收账款周转率	
	人事行政中心	①人员配置	①到岗及时率	
		②能力提升	②员工合格率	
		③员工激励	③关键员工流失率	
		④沟通	④人均利润增长率	
		⑤督办	⑤政令下达及时率	
		⑥服务	⑥跟踪督办完成率	
			⑦员工服务满意度	
	财务中心	①资金供给	①资金供给及时率	
		②预算与核算	②预算管理准确率	
		③成本控制	③成本控制计划完成率	

续表

公司年度绩效指标(2015年)	各职能部门	衡量合理贡献的因素	主要绩效指标	各项指标的指标值(分别设定)
	设备中心	①设备配置	①设备配置使用率	
		②设备维护	②设备维护及时率	
		③设备保养	③设备故障次数	
	品质中心	①产品合格	①产品合格率	
		②返工减少	②返工下降率	
		③质量投诉减少	①量投诉次数	

（2）各中心绩效指标的分解：采用《各中心绩效指标分解表》，见下表。

各中心绩效指标分解表

单位	指标
人事行政中心指标	①到岗及时率≥93%
	②员工合格率≥95%
	③关键岗位流失率≤6%
	④人均利润增长率≥10%
	⑤政令下达及时率
	⑥跟踪督办完成率
	⑦员工服务满意度
	⑧制度执行问题点改善率＞98%
	⑨企业文化建设计划完成率:100%
	⑩品牌建设计划完成率
	⑪信息系统开发及应用计划完成率:100%
人力资源部指标	①到岗及时率≥93%
	②员工合格率≥95%
	③关键岗位流失率≤6%(月均)
	④人均利润增长率≥10%
	⑤人均培训学时:40H
	⑥员工劳动诉讼胜诉率≥95%

续表

单位	指标
	⑦员工满意度得分≥85分
行政部指标	①政令下达及时率
	②跟踪督办完成率
	③制度执行问题点改善率≥98%
	④安全事故发生率≤0
	⑤员工满意度≥85分
品牌部指标	①品牌策划有效性
	②品牌推广计划完成率
	③企业文化推广计划完成率
IT管理部指标	①信息化建设计划适用性
	②信息系统开发及应用计划完成率
	③信息安全管理:泄密事故≤0次
	④部客户满意度得分≥85分

（3）各二级部门绩效指标的分解：采用《各二级部门绩效指标分级表》，见下表。

各二级部门绩效指标分级表

单位	指标
人力资源部指标	①到岗及时率≥93%
	②员工合格率≥95%
	③关键岗位流失率≤6%(月均)
	④人均利润增长率≥10%
	⑤人均培训学时:40H
	⑥员工劳动诉讼胜诉率≥95%
	⑦员工满意度得分≥85分
绩效管理岗位指标	①绩效目标设立与分解的合理性
	②绩效跟踪与改进的及时性
	③绩效考核与反馈的准确性

续表

单位	指标
	④绩效考核结果应用的有效性
培训管理岗位指标	①培训规划的有效性
	②培训项目的完成率
	③职称评定和资格认证工作计划完成率
	④人均培训学时：40H
招聘管理及员工关系岗位指标	①人员招聘及时率≥85%
	②关键员工流失率≤6%（月均）
	③处理员工劳动诉讼胜诉率≥95%
	④人员编制计划执行率≥90%
薪酬管理岗位指标	①年度调薪方案的有效性
	②员工调薪及时率：100%
	③员工考勤报表准确率：100%
	④人力成本预算执行偏离度±10%

2. 胜任力提升目标的设定

胜任力提升目标的设定分为两个步骤，一是进行胜任力评估，二是根据评估结果制订胜任力提升计划。

（1）胜任力评估。

胜任力评估可先由员工自评，再由上级管理人员进行评定，胜任力评估采用《胜任力评估表》，见下表。

胜任力评估表

评估人：				日期：		
核心要素	评价要素	评价等级				
		5	4	3	2	1
	1.					

续表

评估人：						日期：				
	2.									
	3.									
	4.									
	5.									
通用胜任力	1.									
	2.									
	3.									
	4.									
	5.									
专业知识技能	1.									
	2.									
	3.									
	4.									
	5.									
备注：各要素评价标准参阅《胜任力管理手册》										

（2）制订胜任力提升计划。

在胜任力评估的基础上，由员工与上司合作，确定具体的提升行动，以获得特定的技能或知识。胜任力提升计划采用《胜任力提升计划表》，见下表。

胜任力提升计划

发展方向：
①今后你需要掌握哪些特殊技能或业务知识

续表

发展方向:
②如何衡量目标结果
③如何获得该项技能或知识
④提升结果评估
上级领导(或同事)评估意见: 评估者签名:

胜任力提升计划表用于中期的跟踪和年终的考核,中期跟踪时由上级领导考核,年终考核时由领导和同事进行360度评价。

(二)目标的跟踪和改进

1. 业绩目标的跟踪与改进

业绩目标的跟踪与改进主要采用如下方法:

(1)定期填报目标跟踪单。

①所属各单位(部门)及其负责人绩效跟踪:将年度KPI分解为季度KPI,季度KPI分解到《月度绩效目标跟踪单》。所属公司于每月10日前将《绩效目标跟踪单》发本部人力资源部;人力资源部予以汇总分析,于每月中旬以邮件形式报公司领导班子。同时人力资源部发出《所属公司经营业绩目标达成情况的通报》,对所属公司的经营业绩目标达成情况进行通报表扬、提醒或批评。

②部门负责人将部门月度工作计划、指标分解到周工作计划,通过部门周例会将部门周工作计划分解到员工,并通过部门周例会及月度会议对部门工作完成

情况进行总结跟踪。

（2）结合月度、季度及年度经营业绩分析会对完成情况落差较大的单位进行质询。

（3）要求被质询的单位对落差进行原因分析，制订绩效改进计划，填报《绩效改进表》。

2.胜任力提升目标的跟踪与改进

胜任力提升计划达成情况的跟踪，结合中期业绩考核进行，由员工的直接上级对员工胜任力提升计划执行情况进行评价，并在《胜任力提升计划表》上评定等级。员工应根据上级的评价结果加以改进。

（三）目标的考核与反馈

1.业绩目标的考核

（1）所属各单位（部门）及其负责人绩效考核。

①人力资源部于12月下旬发出年度绩效考核的通知；各单位需由第三方提供跨部门指标实际值的，由人力资源部负责统计，人力资源部将绩效数据反馈到指标数据需求部门。

②被考核单位（部门）对年度绩效目标完成情况进行自评，在《绩效验收表》填写指标实际完成情况，并按评分标准进行自评；并准备相应KPI完成情况证据材料。中心总监按绩效指标达成率、评分标准对二级部门《绩效验收表》进行评分。

③现场验收组进行验收。现场验收组对各单位（部门）进行现场验收、按各单位（部门）年初签订的《绩效责任书》的评分标准和实际完成情况逐项评分，并填写评分依据。

④考评组依据现场验收组初评情况进行统一评分，当指标评分标准不具体量化时，按《绩效考核评分办法》评分。

⑤人力资源部将考评组初评分反馈被考核单位（部门）；被考核单位（部门）对初评分有异议的，在收到反馈的2个工作日内将《绩效申诉表》及相应证据资料提交人力资源部。人力资源部收集申诉材料，组织考评组就申诉材料进行讨论，

并确定最终考评组评分。

⑥人力资源部将一级部门、总监级《年度绩效考核表》报总经理评分；总经理评分完毕，一级部门《年度绩效考核表》报董事长评分。

（2）本部主管及以下员工绩效考核。

①员工按期初制定的《员工绩效责任书》进行自评，填写指标完成情况。

②直接上级根据《员工绩效责任书》评分标准、指标完成情况对员工绩效进行评分；并对部门员工绩效成绩进行排序，按等级分布比例评定员工绩效等级，形成《员工绩效等级统计表》。

③中心总监签核《员工绩效等级统计表》，审核员工绩效等级是否按规定比例分布及审核员工成绩的合理性；若中心总监审核认为有不符合规定的，退回重新调整或直接进行调整后提交人力资源部（中心总监写明需要调整的理由）。人力资源部审核等级分布状况及考核资料后，汇总《员工绩效等级统计表》呈董事长、总经理签批。

2. 胜任力提升目标的考核

在次年1月采用360度评价法对员工胜任力提升目标达成情况进行评分；360度评价法含上级、下级、平级及跨部门评价，评分人数控制在3～6人，主管级以上员工评分人数为5～6人，主管级以下员工评分人数为3～4人。评分人按照《胜任力提升计划表》进行评分。

3. 考核结果的反馈

（1）考核人提前做好绩效面谈准备工作，与被考核人预约绩效面谈时间，将绩效评分情况、绩效等级反馈给被考核人，并交换意见。

（2）双方对业绩落差进行诊断，诊断中兼顾环境因素及个人因素的分析；应着重对个人因素进行诊断分析。

（3）制订绩效改进计划：在考核人的帮助下，由被考核人制订绩效改进计划。

（四）考核结果的应用

1. 业绩考核结果的应用：主要用于绩效工资和效益奖金的确定

考核结果以等级的形式体现，分为 A、B、C 三个等级。

（1）各单位（部门）及其负责人的绩效等级及绩效工资系数的确定，采用《部门负责人绩效等级及绩效工资系数表》，见下表。

部门负责人绩效等级及绩效工资系数表

等级	分布比例	绩效系数
A	15%	1.5
B	75%	1.0
C	10%	≤ 0.9

（2）主管级及以下员工的绩效等级及绩效工资系数的确定，采用《主管级及以下员工绩效等级的分配及绩效工资系数表》，见下表。

等级	分布比例	绩效系数	备注
A	15%	1.5	
B	75%	1.0	
C	10%	≤ 0.9	

2. 胜任力考核结果的应用：主要用于职称评定、资格认证和职务晋升

胜任力考核结果的等级划分，采用《胜任力等级分配表》，见下表。

胜任力等级分配表

等级	等级描述	分值区间
A	优秀	4.5 分以上
B	良好	4 分(含)～4.5 分(含)

续表

C	一般	3.5分（含）~4分
D	较差	3.5分以下

3. 业绩、胜任力考核结果的综合应用

作为员工薪酬升降、职务调整、培训发展的客观依据，具体应用参照《业绩、胜任力考核结果综合应用表》，见下表。

业绩、胜任力考核结果综合应用表

考核结果	综合应用
业绩、胜任力双优	提供调升职务或锻炼平台的机会、提升工资档次,绩效等级与绩效工资系数、年终奖系数挂钩
业绩尚可,胜任力差	针对性进行培训、提升、岗位调整;绩效等级与绩效工资系数、年终奖系数挂钩
胜任力尚可,业绩偏差	进行绩效分析,制订绩效改进计划,绩效等级与绩效工资系数、年终奖系数挂钩
业绩、胜任力双差	辞退、调整岗位、降低工资档次,绩效等级与绩效工资系数、年终奖系数挂钩

五、绩效管理的组织机构

（一）绩效管理领导小组

由公司班子成员组成。负责对公司整体性绩效管理工作进行指导；对公司绩效指标的设定与分解进行审批，对绩效管理过程中的重大问题进行处理。

（二）绩效管理办公室

作为绩效管理领导小组的下设机构，设在人力资源部。负责公司各年度绩效指标的设定与分解、跟踪与改进、考核与反馈、考核结果应用等日常管理工作。

(三)各部门(单位):

负责本部门(单位)绩效目标及行动计划的的制订和执行,对本部门员工绩效目标及行动计划的制订给予指导和监督,并提出评估和奖惩意见

CHAPTER6
第六章
文化管理：从价值观的确立走向价值观的更新

第一节　价值观建设的关键点

随着知识经济的到来，文化管理成为管理学界和企业界共同关注的一个热点问题。而文化管理的核心就是价值观建设。说到价值观建设，也许有人会提出许多问题。比方说，价值观建设在人力资源管理中处于什么位置，有什么作用？成功企业的价值观是怎样提炼出来的，它与企业家的价值追求及战略思考有什么联系？如何使企业的价值观为员工所接受，成为企业大多数人的行为方式、行为习惯，成为一种组织文化、组织氛围？失败企业的价值观建设，其误区又是在哪里？以下，我就上述问题提出一些看法，着重探讨价值观建设的关键点。

一、价值观建设的位置与作用

人力资源管理是一个整体性的工作系统。如若我们把这个系统内的要素分为"硬件"和"软件"的话，那么，人力资源战略、组织设计、员工配置、制度等是属于人力资源管理的"硬件"，文化管理、领导风格、领导技巧等则是属于人力资源管理的"软件"。而价值观建设就是文化管理的核心。

企业文化一般表现为四个层次。从外往里数，最表层为物质文化，指的是一个企业的产品或服务所体现出来的文化；第二层为行为文化，即通过员工的行为所表现出来的文化；第三层为制度文化，即在规章制度中反映出来的文化；第四层为精神文化，也即企业的价值观。这四个层次有着密切的联系，其中，价值观处于核心的位置，由其往外扩散、渗透，融入企业的制度，影响员工的行为，进而决定产品或服务的质量及特色。

海尔的张瑞敏就谈到，一般的参观者到海尔最感兴趣的是，能不能把规章制度传授给他们。其实，最重要的是价值观，有什么样的价值观就有什么样的制度文化和规章制度，同时价值观又保证了物质文化不断增长。

价值观建设有什么作用呢？

曾经担任美国新泽西贝尔公司总裁，后来成为"企业文化"创始人的切斯特·巴纳德早在1938年谈及经理的职能时就认为，一位领导者的作用，只不过是利用组织中的社会力量来塑造出一定的价值观，并加以引导。他认为，总经理的真正作用，是把企业的价值观管理好。

《企业及其信念》一书的作者沃森说得更为具体，他认为，一家公司的兴旺或衰落，均在于"我们称之为信念的那种因素以及这信念对其职工的感染"。他说："我坚定地相信，为了生存下去和取得成功，任何一个组织都必须具备一整套健全的信念。并把这些信念作为采取一切政策和措施的前提。其次，我还认为，公司取得成功的唯一最重要的因素，便是忠实地严守这些信念"。

假如说，价值观建设在工业经济时代已经发挥着重要的作用，那么在知识经济时代到来之际，面对知识型员工，文化管理、价值观建设更是有着特殊的意义。对体力型员工，你可以通过科学管理，借助对动作和时间的研究而大大提高劳动生产率，而在今天，面对知识型员工，你仍采用那一套科学管理的办法，那绝对是不行的。知识型员工作为一种人力资本，或称为人力资本家，其知识、创造力就藏在自己的头脑中，你要他们充分释放出来，为你的企业创造效益，就得为他们营造一种良好的企业环境，一种有利于人才成长和发挥潜能的企业氛围，这就需要文化管理、需要价值观建设。

二、价值观建设的关键点

研究国内外一些企业价值观建设的成功经验，我们发现，价值观建设的关键点在于：

第一，价值观的提出，不是选择时尚的语言或响亮的口号，而是源于企业家独特的价值追求及战略思考。

第二，价值观的推广，主要不是靠一般的宣传，而是靠企业家的大力倡导及强硬的制度化措施。

"人事合一"与"胜任力管理"
来自实践的新理念、新方法

下面,就这两点加以阐述。

(一)关于价值观的提炼

价值观建设的成功经验表明,价值观的提出,往往是源于企业家独特的价值追求,而这价值追求又是基于企业家独特的战略思考,因而有着自己鲜明的特色。

我们先来看看美国通用公司的例子。通用公司提到的"倡导无边界和壁垒的管理风格,永远追求和采用那些最杰出、最实用的好主意,而不计较它的来源"这样一条价值观,就是来源于杰克·韦尔奇的价值追求和战略思考。

1989年12月,杰克·韦尔奇和他的第二任妻子简在巴巴多斯欢度迟到的蜜月。不过,像通常一样,他还是要谈工作,而不是你以为的枕边的情话。韦尔奇在其自传中写道:"我思考的一个焦点问题是如何让30万人的智慧火花在每个人的头脑里闪耀。这就像与8位聪明的客人共进晚餐一样,客人们每一个都知道一些不同的东西。试想,如果有一种方法能够把他们头脑中最好的想法传递给在座的所有客人,那么每人因此而得到的收获该有多大!这正是我一直苦苦追寻的。"

圣诞节那天晚上,他躺在沙滩上,眼睛望着圣诞老人从一艘潜水艇里冒出头来。就在这时,"无边界"这个词一下子跃进了他的脑海,他的感觉就像是科学上的重大发现一样。一周以后,在参加业务经理会时,他依旧全身心沉浸在这一最新理念中。

会议临结束时,按常规他都要布置下一年的经营任务,而这一次,讲稿的最后五页全部是关于"无边界"的内容。他坚称"无边界"这一理念"将把GE与1990年代其他世界性的大公司区别开来"。从这句话可以看出,"无边界"这种独特的价值追求,正是韦尔奇的一种战略思考。他是想借助这种战略使通用与别的公司区别开来,并使自己的公司在竞争中跑在别的公司前面。

希尔顿饭店倡导"微笑服务、宾至如归"的文化,这也是源于该公司董事长唐纳·希尔顿的一种独特的价值追求。他与饭店的各级人员接触时问得最多的一句话是:"你今天对客人微笑了没有?"他对员工说:"请你们想一想,如果旅馆里只有第一流的设备而没有第一流服务员的微笑,那些旅客会认为我们供应了

第六章
文化管理：从价值观的确立走向价值观的更新

他们全部最喜欢的东西吗？如果缺乏服务员的美好微笑，正好比花园里失去了春天的太阳和春风。假如我是旅客，我宁愿住进虽然只有残旧地毯，却处处见到微笑的旅馆，也不愿走进只有一流设备而不见微笑的地方……"很明显，他的这种独特的价值追求也是基于他的一种战略思考。他认为，要在酒店业竞争中取胜，要靠一流的设备，也要靠一流员工的微笑。

宝安集团价值观的重建，也借鉴了上述成功企业的经验。

宝安集团成立于1983年7月，1991年6月上市。现注册资本为9.8亿元，总资产为41亿元，主导产业为房地产和生物医药。在第一次创业阶段，宝安人发扬了"抓住机遇，大胆创新"的精神，曾创造了几个新中国第一：发行了新中国第一张股票；第一家在二级市场收购上市公司（上海延中）；第一家发行可转换债券和认股权证。收购上海延中形成的"宝延风波"震动了中国的经济界和法律界，在中国的证券发展史上留下了不可磨灭的一页。进入二次创业阶段后，宝安集团面临的企业环境有了很大的变化，集团的发展战略也有重大的调整，因而原有的价值观体系已经不适应现实的要求，重建价值观的工作也随之摆上议事日程。

宝安集团价值观的提炼大体分几个步骤，首先是对企业董事局主席的一些价值理念进行整理。本企业董事局主席在经营管理企业的同时，十分注重学习和理论上的总结，写出了《资源增值论》《关于企业发展的若干问题》《来自实践的报告》等书，还写出了《用变的思想认识世界，用和的方法改造世界》《论悟》《综合创新论》等一批有思想深度的文章。我们从这些论著中整理出了52条价值理念。其次是广泛征求员工的意见。我们把这些价值理念印发给员工征求意见，让员工从中做出选择，还可以根据自己的见解加以补充，其结果52条变成了15条，后来又集中归结为4条，即核心理念、经营理念、管理理念和团队理念。第三步是召开领导班子会，对提炼的4条理念反复推敲，逐句逐字修改，并根据大家的意见增加了"企业使命"和"哲学理念"，从而变为6条，形成了一个比较完整的体系。

"人事合一"与"胜任力管理"
来自实践的新理念、新方法

新建的宝安价值观有两个主要的特点,其一是突出了"资源增值"这一核心理念,其二是突出了"用变的思想认识世界,以和的方法改造世界"的哲学理念。

"资源增值"作为一个核心理念,它强调的是以"资源增值"作为衡量所属企业和个人的价值的标准。即是说,一个企业价值的大小,决定于这个企业能否实现资源增值以及增值的比例有多高,而一个员工的价值的大小则决定于他在企业增值的过程中所做出的贡献。

"用变的思想认识世界,以和的方法改造世界"作为一条哲学理念,它强调的是企业面对复杂多变的经营环境,要做到知变(见微知著,未雨绸缪)、应变(以变制变,因应变化而取胜)、改变(主动改变环境、改变自己),而在解决企业发展所面临的问题时,则要做到融汇(汇集对我们有用的理论、方法)、融和(把所汇集的理论、方法加以融合)、融化(对所融合的理论、方法加以处理、改造,使其成为全新的、具特色的为我所用的工具)。

"资源增值"的核心理念和"用变的思想认识世界,以和的方法改造世界"的哲学理念反映了企业领袖的价值追求及战略思考。

"资源增值"的核心理念源于企业董事局主席所写的《资源增值论》一书,它反映的是企业领袖对企业经营管理目标的思考。20世纪80年代以来,美国、欧洲和日本的世界一流跨国公司在经营目标上不约而同地把股东、顾客和员工三者利益置于同等重要的地位,倡导重视股东利益的长期的"时价总额主义经营"的理念,奔驰公司提出"旨在增值的企业经营管理目标",索尼公司提出"以创造企业价值为目标的经营"。宝安集团的企业领袖则把"资源增值"作为企业肩负的"重任"。他在《资源增值论》(出版时改名为《如何实现企业资源增值》)的自序中就提出,"一个经济体系能否有所突破,必须取决于该体系的社会组织能否有效运用资源来创造财富,企业就肩负着这样的重任"。

"用变的思想认识世界,以和的方法改造世界"的哲学理念源于集团董事局主席所写的《用变的思想认识世界,用和的方法改造世界》一文,其区别只是改动了一个字,即把一个"用"字改为"以"字,以避免用字上的重复。它反映的

第六章
文化管理：从价值观的确立走向价值观的更新

是企业领袖对于在竞争中如何战胜对手，使自己立于不败之地的一种战略思想。他认为，企业面临的环境（世界）是复杂多变、充满竞争的。要使自己立于不败之地，做长寿企业，首先必须"用变的思想认识世界"，做到知变、应变、改变（其含义前面已提过），许多企业关门、倒闭，重要原因就是因为不能适应环境的变化，以变制变。其次必须"以和的方法改造世界"，做到融汇、融合和融化（其含义前面也已提过），这正是他在《综合创新论》中所表达的一种思想。能融汇百家、自成一家，其力量必然是强大的。

（二）关于价值观的推广

企业价值观成功推广的关键，在于企业家的大力倡导及企业强硬的制度化措施。其推广过程大致可分为教化、强化、融化三个阶段。

海尔的价值观概括为13条，其中提到的"让每个员工都富有热情，富有责任，更富有创造性实践的能力，使客观的管理与心灵的需求更加和谐、完善地统一起来"的管理理念，也是源于张瑞敏的价值追求。张瑞敏在接受纽约一家报社记者采访时，被问到这样一个问题："你在这个企业中应当是什么角色？"张瑞敏回答："第一应是设计师，在企业的发展过程中使组织结构适应于企业的发展；第二应是牧师，不断地布道，使员工接受企业文化，把员工自身价值的体现和企业目标的实现结合起来。"两相对照，可以明显看出，海尔价值观提出的"使客观的管理和心灵的需求更加和谐、完善地统一起来"，正是张瑞敏所提出的"把员工自身价值的体现和企业目标的实现结合起来"的一种表述。

海尔公司的价值观推广首先得力于高层领导，特别是一把手的大力倡导。在张瑞敏看来，塑造文化是最重要的高层领导的责任，而不是委托给下属一些部门的责任。因而，他亲自当牧师，"不断地布道"。这一阶段，也即是"教化"的阶段。此后，他采取了一系列强硬的制度化的措施。比方说，为了"让每个员工都富有热情，富有责任"，他实施了OEC管理制度，即要求全方位地对每个人每一天所做的每件事进行控制和清理，做到"日事日毕，日清日高"。他还实施6S现场管理，在每个车间的入口处或作业区显眼的地方，印一对特别显眼的绿

"人事合一"与"胜任力管理"
来自实践的新理念、新方法

色大脚印，海尔人称之为"6S脚印"，脚印的上前方高悬一块大牌子，上面写着"整理、整顿、清扫、清洁、素养、安全"。这6个词英文开头都是"S"。海尔规定，每日班前班后，车间班长必须带领大家在这里对工作进行讲评，如果工作中有失误的地方，可以站在脚印上检讨自己的工作，以期得到同伴的帮助；表现优秀的员工，可以站在脚印上讲述自己的经验，把自己的体会与大家共同分享。这一阶段，也即是"强化"的阶段。而在经历了"教化"和"强化"两个阶段，使大多数员工都接受了这种行为方式，养成了这种行为习惯之后，对其他员工，包括一些新来的员工，也自然会产生一种"融化"的作用，这是第三个阶段。也只有到了这个阶段，我们才能够说，这种文化形成了。

再看看通用价值观推广的经验。韦尔奇自从1990年悟到了"无边界"这一理念后，以后每次会议他都大声疾呼着"无边界"，这也是"教化"阶段。紧接着，他采取了一些制度化的措施。1991年通用公司开始利用人力资源检查会，对经理们的无边界行为进行评级打分。根据同级经理和上级的意见，每一位经理都被给予高、中、低三个等级的评价。如果一个人的姓名旁边是一个空空的圆圈，他就得尽快地改变自己，否则就得离开这个岗位或公司。

1992年，为了使通用的价值观在实践中得到体现，他们根据完成公司经营目标和保持公司价值观的情况，把公司的经理人分为四类：第一类是能够实现预定目标，并且能够认同公司的价值观的；第二类是未能实现公司的目标，也未能认同公司的价值观的；第三类是未能实现公司目标但能认同公司的价值观的；第四类是能实现公司目标但不能认同公司的价值观的。那一年，通用公司走了5个人，一个是因为没完成任务被解雇，另外4个则是因为不遵奉通用的价值观而被要求走人，这一阶段是"强化"的阶段。而由于韦尔奇的大声疾呼和通用公司的一系列强硬的制度化措施，使通用的价值观注入了大多数员工的心灵，改变了大多数员工的行为方式，也就对其他员工，包括新来的员工产生了一种"融化"的作用，从而成为一种企业的文化。

宝安集团价值观的推广，也同样经历这样三个阶段，首先是企业领导人的"教化"，集团董事局主席亲自在高中层管理人员大会上宣讲集团的价值观，并把价值观的内容列入考试的试题，把价值观的学习、实践情况作为年度考核的一项重要内容。其次是借助强硬的制度化措施加以"强化"。这主要表现在两个方面。其一，在选人标准上，首要的一条是"认同宝安集团价值观，是一个合格的宝安人"。最近，宝安集团发出了一个"关于在企业内部招聘经理人的通知"，通知中关于经理人的"任职条件"共列了5条，其中第一条就是"认同宝安集团价值观，是一个合格的宝安人"。其二，在制定薪酬变革方案，确定经营者和员工的薪酬标准时，强调"资源增值"的核心理念。对经营者而言，企业增值，企业经营者的效益年薪跟着上升，企业减值，企业经营者的效益年薪跟着下降。对员工而言，年度业绩考核分数高，贡献大，其业绩薪酬就上升，年度业绩考核分数低，贡献小，其业绩薪酬就下降。

宝安集团价值观的推广目前还处于"强化"的阶段，但我们相信，经过"教化"和一段时间的持续强化之后，大多数的员工会接受这样一种行为方式，养成这样一种行为习惯。到那个时候，也就能够对其他员工，包括新进的员工产生"融化"作用了。

三、价值观建设的误区

综观中国企业价值观建设存在的问题，通病主要有两条。其一是流于一般化、雷同化，缺乏企业自身的特色。比如说"追求卓越""创造一流""开拓创新"这样一些理念就为不少企业所采用。其二是挂在墙上，落实不到行动上，正如《财富》杂志评论员文章所指出的"在大多数企业里，实际的企业文化同公司希望形成的企业文化出入很大"。比如说，有的公司希望形成的企业文化是真诚，而实际的文化却是说假话、做假账。因为由于种种历史原因而沉淀下来的实际文化已经深入人心，那是很难改变过来的。并不是一提倡新文化，就能够把原有的文化驱赶出去。

下面，我们不妨对一家失败企业的企业文化建设进行剖析。

据我所知，深圳有一家企业的领导人曾经大力倡导"迎着朝阳创一流"的企业文化，而且不惜金钱，大张旗鼓，搞得有声有色，一度还作为企业文化建设的先进单位，成为系统内学习的典型。然而，不到一年时间，突然传出，这家企业亏损16亿元之多，面临破产的边缘。回头看看这家企业的文化建设，可以发现一个明显的问题，该企业领导人倡导的"迎着朝阳创一流"只是一句空泛的口号，它缺乏具体的内容及独特的价值追求，更谈不上什么战略思考。而且，这家企业也没有一套强硬的制度化措施来保证这一理念的贯彻执行。相反的，他们在运作方式上还是保持了国有企业的老一套，他们所注重的是一般的文化宣传。然而，靠这一套旧的运作方式是创不了一流的。因此，尽管它的价值观喊起来很响亮，最终难逃失败的命运。

总而言之，在知识经济时代，面对知识型员工，价值观建设有着特殊的意义，因此，我们要学习成功企业的经验，在价值观建设中把握关键点，避免陷入误区。

第二节　企业文化的重建与变革

本节所讲的文化，专指企业文化。顾名思义，企业文化指的是一个企业在其发展中形成的一种独特的"文化"，或者说是一种独特的"风气""氛围"。

中国企业的企业文化建设，普遍存在两个问题。一是抄袭、雷同、缺乏特色。不少企业使用的都是一些"放之四海而皆准"的豪言壮语，如"开拓""创新""办一流企业"之类。这类标语、口号有一定的时代特征，但缺乏行业的特征，更缺乏企业的特色和企业家的个性。二是停留在纸上、嘴上，未能进入灵魂与行动。究其原因，有的是因为领导只说不做，只重言传而不重身教，有的是因为缺乏政策和措施的支持，对那些实践公司理念的员工未给予应有的鼓励与强化，对那些违反公司理念的行为未给予相应的惩罚，大家觉得实践不实践这些理念都无所谓，自然就把它当成身边风，或者熟视无睹。还有的是因为自己原先已经形成的固有的理念与企业倡导的新理念差距很大，要改也难。因为，每个人要改变自己固有的价值观而去接受一种新的价值观，这是一个非常艰难的过程，没有相当长的时间是不能实现的。对于中国企业文化建设存在的问题，《天地》内刊有一篇文章提得更尖锐。这篇文章的题目为《没文化，中国企业的致命伤》，作者在文中指出，有的企业经营者从不反省自己的文化体系建设，甚至一提文化便觉得是文人玩的玩意儿，和企业格格不入，一贯认为企业的宗旨就是盈利，以此作为衡量企业、员工业绩的唯一标准。影响所及，企业的员工也根据自己工资袋的钱数来决定自己在工作中应该付出多少。在这样的氛围中，员工这种态度便决定了企业内部的价值取向。这样的企业"文化"又怎样去和其他企业竞争、怎样在激烈的竞争中获胜呢？

为了做好企业文化的重建与变革，必须着重解决如下几个问题。

一、关于企业文化的表现形式

一般而言，企业文化的表现形式有四个层次，其核心层次为这个企业所倡导的一种理念，或者说是一种信念，它反映了企业的价值观体系，即这个企业认为确定什么样的理念对这个企业的生存发展是最有价值的。如松下电器公司倡导的"工业报国，光明正大，团结一致，奋斗向上，礼貌谦让，顺应时势，感恩戴德"七种精神就是一种理念，它反映了这个企业的价值观体系。第二个层次是企业为推广这种理念而制订的一系列的政策、规定和措施。仍以松下电器公司为例，它要切实倡导"七精神"，必定要有相应的政策、措施，比方说，在有关的制度中规定，对充分表现这种精神的人给予奖励，对违背这种精神的人给予惩罚。第三个层次是企业生产经营场所的面貌和员工的行为。这是由第二层次延伸出来的，企业为倡导某一理念而采取相应措施，包括改变工作环境的措施，往往也就带来生产经营场所面貌的变化，而企业为倡导某种理念而制定的一些政策条款也必然带来员工行为的变化。这种场所的变化和员工行为的变化也就体现了企业文化。第四个层次是企业所提供的产品和服务。这是第三个层次所延伸出来的。"产品"

是员工制造出来的,"服务"是员工提供的。员工接受了企业的理念和政策,他的行为必然会按企业的要求去做,而其制造出来的产品或所提供的服务也会符合企业的标准,因而说,这种"产品"和"服务"也就能够体现出企业的精神,或者说是企业的文化。

二、关于企业文化的功能

企业文化的功能概括起来主要有两个方面:对内它是一种"灵魂管理",对外它是一种"形象推广"。

(一)灵魂管理

为什么说它是一种"灵魂管理"呢?因为它要管的不是一个企业的钱和物,而是一个企业的人的灵魂,也即是员工的理念、价值观,这对于一个企业的生存和发展是影响极大的。

管理界公认的"公司文化""企业文化"的创始人,是美国的切斯特·巴纳德,他曾经是美国新泽西贝尔公司的总裁。早在1938年,巴纳德在谈及经理的职能时就认为,一位领导者的作用,只不过是利用组织中的社会力量来塑造出一定的价值观,并加以引导。并认为,总经理们所起的真正作用,是把企业的价值观管理好。

泰伦斯·迪尔和艾伦·甘乃迪在《企业文化》(1982年)一书中明确把企业文化视为经营成败的关键。他们对80家公司进行调查的结果表明,其中的18家杰出公司均有较强的共同信念和共同价值观。《企业及其信念》一书的作者沃森说得更为具体,他认为,一家公司的兴旺或衰落,均在于"我们称之为信念的那种因素以及这信念对其职工的感染力"。他说:"我坚定地相信,为了生存下去和取得成功,任何一个组织都必须具备一整套健全的信念。并把这些信念作为采取一切政策和措施的前提。其次,我还认为,公司取得成功的唯一最重要的因素,便是忠实地严守这些信念。"

中国平安保险股份有限公司的总经理马明哲十分注重企业文化的创造与管

第六章
文化管理：从价值观的确立走向价值观的更新

理。他提出，"企业文化的产生与企业同步产生和壮大，不同的企业文化能产生迥异的企业品牌，造就不同企业的命运。"他讲了这么一个动人的故事。1945年8月，二战的硝烟刚刚散去，美国国民现金出纳机公司（NCR）的董事长艾伦到德国一家分厂去了解工厂损失。当艾伦来到废墟现场时，遇到了两名分厂的职工正忙于清除瓦砾，艾伦参加了他们的工作，大家开始在废墟中兴建工厂。几天之后，一辆隆隆作响的美国坦克驶入现场，一个美国士兵站在顶盖处微笑着说："嘿，我是个NCR人，你们这班家伙完成本月定额了吗？"从这个故事中马明哲得到了一个启示：战争可以摧毁工厂和机器，但富于凝聚力的企业文化永存无损。一个企业有了这样一种文化，它必定是坚不可摧的。正是基于上述认识，在平安保险公司迎来公司成立十周年纪念日的时候，马明哲组织编写了平安文化丛书，其中《平安理念》一书是马明哲与刘鸿儒两人合著的，书中指出，"仁、义、礼、智、信、廉"是平安和平安人共同的价值准则。另一本名为《平安新语》的书也是马明哲主编的，书中围绕"仁、义、礼、智、信、廉"选编了95个历史小故事，每个"故事"的后面均附有"说义"和"指事"，"说义"是对"故事"的一种解说，而"指事"则是联系本企业的实际，倡导某种企业精神。可以说，这本书里的历史故事就是平安文化的"根"。还有一本书名为《平安故事》，这些故事都是平安的员工写的，内容都是反映各自在平安开拓、奋斗的经历，虽说每个人写的都是点点滴滴，汇总起来却构成了平安保险公司十年的奋斗史。可以说，每个人的故事里，都闪耀着平保的文化与精神。

最近，平保公司又提出，价值最大化是检验各项工作的唯一标准，赋予企业文化以新的内容。

实践证明，平保注重文化建设取得了巨大成功。今天的平保，已发展成为一个以保险为主业，兼营证券、信托、投资、海外业务的跨国公司，其客户有1500万之多，年营业额达400多亿元，员工有10多万，在中国的保险业中仅次于人保，稳坐第二把交椅。

企业文化在其形成和发展的过程中，作为一种精神产品，直接服务于企业活动自身，起到企业群体的黏合剂、企业成员的润滑剂、企业活力的激发剂的积极作用。

1. 企业文化有利于形成企业的向心力

企业文化使企业成员拥有一套共同的价值观念体系，对目标有共同的理解，朝一个共同的方向努力，因而使人们改变原来只从个人角度出发的行为意识，树立以企业为中心的群体意识，把各个分散的个人行为构成整个系统的企业行为，从而成为一种黏合剂。它把职工和企业融为一体，使职工具有"厂兴我荣，厂衰我耻"的共识，有利于增强职工的荣誉感、自豪感和对企业的归属感，自觉维护企业的信誉，从而形成企业的向心力。总之，它使个人行为与企业行为趋于一致，个人利益与企业利益趋于一致，个人的奋斗目标与企业的奋斗目标趋于一致。

2. 企业文化有利于化解企业的内部矛盾

企业由全体职工和各个职能部门（班组、车间、处室）组成，企业集团还包括了各个成员企业。职工之间、部门之间、成员企业之间，存在着各种各样的关系和矛盾。企业文化是企业成员之间的润滑剂。通过企业文化的建设，企业成员形成共同的奋斗目标和一致的价值取向，就有了共同的语言，有利于相互之间的沟通和协调。这样，职工之间就能够减少摩擦，缓和矛盾，建立起良好的人际关系。职能部门之间就能够相互信赖，相互支持，减少扯皮现象，建立起良好的部门关系。成员企业之间就能够为了共同的事业彼此合作，志同道合，心无芥蒂，建立良好的伙伴关系。整个企业（集团）就会出现一派"人和事兴"的祥和气象。

3. 企业文化有利于激发员工的热情和活力

企业的生产经营活动能否成功，关键在于企业是否有活力。很难设想，一个死气沉沉、无所作为的企业，能够在激烈的商品竞争中站稳脚跟。企业文化将企业全体成员的思想、作风、习惯、行为准则和审美标准等统一于共同的指导思想和经营哲学之下，使全体职工认识到自己工作的意义和存在的价值，把个人的命运同企业的命运结合起来，从而激发自己的工作热情，奋发向上，努力工作。企业成员如果违反了本企业文化所要求的行为准则，即使他人不知或不加责备，本人也会感到内疚、心理失调而进行自我调节。所以说，企业文化是企业活力最有效的激发剂。

（二）形象推广

企业文化对内是一种灵魂管理，对外则是一种形象推广。假如说，"灵魂管理"主要是由企业文化的第一、二层次所体现出来的，"形象推广"则是由企业文化的第三、四层次所体现出来的。人们认识和评判一个企业的形象，往往看的就是这个企业的生产经营场所的面貌、员工的行为，特别是这个企业的产品和服务。因此，企业文化建设搞得好的公司必定通过其产品、服务、员工行为、厂容厂貌等在客户的心目中树立了良好的形象，而企业文化搞得不好的企业，也必定在产品、服务、员工行为、厂容厂貌等方面给客户留下不良印象。

三、关于企业文化的建设过程

如何建立，或者再造一个企业的企业文化呢？根据一些成功企业的经验，大致要经历这么四个阶段。

第一阶段为理念的提炼。企业文化的核心是理念，或者说是价值观体系。这理念不仅要具有时代的特色、行业的特色，更要求带有企业的特色和企业家的个性，因而它不能从书本上抄来，它只能从企业自己的实践，从企业家自己的实践中提炼出来。有人说，企业文化是一个企业的文化，不是老板文化。我不赞成这种观点。我认为，企业文化既是一个企业的文化，往往也是这个企业老板的文化。

根据某些研究者的观察，任何价值观体系最初总是由某一个人提出来的，是由他（或她）经过自省提供出思想的素材，经某一班子从文字上进行推敲润色，最后才定稿。

价值观体系的确定不能面面提到，什么都要，因为这会引起混乱，使真正第一重要、第一优先的方面得不到突出的地位。《寻找优势》一书中提出了八项"基本原则"，而被作者列为范例的43家优秀公司并非在所有这八个方面都得最高分。实际情况是，国际商用机器公司在顾客服务方面的纪录令人敬畏，可是在创新方

"人事合一"与"胜任力管理"
来自实践的新理念、新方法

面却有点迂腐的官气；惠普公司则恰恰相反。普罗克特·甘布尔公司从质量角度来看非常接近顾客，可是在革新方面也总是落后一步；百事可乐公司大体上可以说是与普罗克特·甘布尔公司在同一行业中经营，但它的长处和弱点却正相反。可见，要在所有主要方面都得到最高分 A+ 实际上是不可能的。比较实际的做法是在突出某一主要方面，争取某一主要方面获得最高分 A+ 的同时，顾及其他主要方面，能在其他主要方面拿出及格分 C+。

有的企业提出，要"在一切方面都成为第一"，做到成本最低，革新精神最强，利润最多，产品的市场占有率最高……这样的提法是根本做不到的，而凡是做不到、实现不了的经营哲学都是有害无益的，因它不过是白日做梦。

著名的松下电器公司的"七精神"是他们在实践中提炼出来的一种独特的理念。该公司八万员工，每天早上上班第一件事，就是全体起立，齐声朗诵公司的"七精神"，即"工业报国，光明正大，团结一致，奋斗向上，礼貌谦虚，顺应时势，感恩戴德"。

可以说，这"七精神"构成一种独特的价值观体系。"工业报国"是就公司与国家的关系而言，强调发展工业，是为了振兴国家；"光明正大"是就公司与社会的关系而言，强调公司在与社会各界的交往中，光明磊落，真诚守信；"团结一致"是就公司中员工之间的关系而言，强调同舟共济的团队精神；"奋斗向上"强调的是对事业的开拓精神；"礼貌谦虚"强调的是对顾客的服务精神；"顺应时势"强调的是适应环境变化的创新精神；"感恩戴德"强调的是员工对公司的忠诚。

事实上，这个价值观体系已为该公司的全体成员所共同接受。正如该公司的一位职员所自述的："每当我早上朗诵公司精神的时候，想到分布在全国和世界各地的八万人都同我一起行动，心中便充满了对公司的无限忠诚，激发起巨大的工作热情"。

不难看出，这个价值观体系是时代精神、民族传统、企业性质及企业家个性的一种综合体现。它既反映了日本人民族利益至上的樱花精神，也反映了日本企

第六章
文化管理：从价值观的确立走向价值观的更新

业"共同体"的管理思想及传统的"家族式"管理方式。

而这样一个价值观体系是由创始人松下幸之助提出后，以理念的形式，注入每个成员的精神中，使大家愿为企业的共同目标而努力奋斗。"七精神"是松下电器公司从自己的实践中提炼出来的。当这家企业还是一个街道弄堂小厂的时候，创始人松下幸之助就制定了公司的纲领："努力为社会生活之改善提高以及世界文化之进步做出贡献"，"生产广泛需要的贵重生活物资，要像管理中心流水线一样，源源供应于世，以消除贫困，带来繁荣"。正是这一纲领的延伸和发展，逐步形成上进的"七精神"。

我国创建于1874年的杭州胡庆余堂药店，其所以能经百年而盛名不衰，与其独特的经营观念有关。其营业厅高悬的"戒欺"横匾，明确写着"药业关系生命，尤为万不可欺""采办务真、修制务精"，这正是胡庆余堂在行业中争雄的诀窍，也是该企业从自己的实践中提炼出来的，因而带有企业创始人的个人色彩。

联想公司是比较自觉地从自己的实践中提炼经营理念的企业。这家公司在其所属的联想管理学院专业设置了企业文化建设的岗位，负责整理企业文化和管理思想。1999年管理学院有关人员将1990年到1998年所有执委会成员的讲话整理成册，编成《我们的过去和未来》。每年的高干研讨班，主要研讨联想的管理思想和重大问题，会后都要编成一本很厚的册子，而且是保密级材料，只有总裁一级的人可以看到。联想最早提出"把个人追求融入企业的发展中去"，这是联想文化的核心价值。后来联想电脑公司总经理杨元庆提出："每一年每一天我们都在进步。"这句话是电脑公司的文化，也成为联想集团著名的亚文化。去年管理学院有关人员在提炼联想亚文化时，发现电脑公司的文化又有了发展，提出了"每一年每一天我们必须进步得比别人快一点"。按照这一思路，电脑公司还制定了一套制度。其中规定，凡是做联想代理的，哪怕业务做得不错，只要是最后三名，就会从代理中取消。

联想管理学院特别注重对联想历史中成功的案例进行分析和整理，从中提炼出联想的文化。其中一个著名案例为"追奖风波"，为了使联想的汉卡由科技进

"人事合一"与"胜任力管理"
来自实践的新理念、新方法

步二等奖变为一等奖,联想科技和系统集成公司的领导人物郭为受命后成立了一个追奖小组,几经努力,最后取得成功。联想管理学院从这个成功案例中提炼出了"将5%的希望变成100%的现实"的理念。

第二阶段是要把理念化为具体的政策和措施。即是说,要在政策和措施中设立有关条款,使履行者受奖,违背者受罚。在这方面,广州南方大厦百货商场的经验值得借鉴。

党的十一届三中全会以来,广州南方大厦百货商店取得高速发展。这个全市最大的国营百货零售商店,1987年底员工达4420人,营业面积为18600平方米,经营品种千万余种,最高日客流量达21万人次。1987年,南方大厦百货商店实现销售总额3.3亿元,比1978年增加4.4倍,平均每年递增22.9%;实现利润1007万元,是1978年的3.3倍,平均每年递增14.2%。南方大厦百货商店明显效益的取得,得益于整个改革开放宏观环境的不断改善和发展,也与他们在新形势下重视企业文化建设有密切的关系。

在组织上,他们专门成立了"贯彻企业文化建设工作委员会",制定了《广州南方大厦百货商店1988—1990年企业文化建设规划》,同时,建立了督导制度,专门任命了一批督导员,以确保企业文化建设规划得以有效实施。

在内容上,确定"顾客至上,信誉第一"为企业经营宗旨,"真诚、效率、多思、奋发"为企业的精神,并全面开展以建设企业文化为主要内容的思想教育工作。如编写店歌,绘制店徽,设计店旗,通过富有象征意义的形式,潜移默化地影响职工的文化观念。

特别需要强调指出的是:在实践中,南方大厦百货商店通过制订一系列的政策和措施,把这种企业精神贯穿在企业经营管理的全过程,这主要表现在如下几个方面。

第一,以"真诚"为核心,全面推行文明礼貌服务规范。

南方大厦制订出《文明礼貌服务规范化条例》,把"真诚"的精神化解在全体员工的言谈举止上。1987年,全店共收到全国各地顾客的表扬信共18万多封。

第六章
文化管理：从价值观的确立走向价值观的更新

南方大厦百货商店还十分注意，以"真诚"的精神，建立"民主和谐"的企业内部氛围。为了及时了解员工的思想，听取员工的意见，商店设立了每月两次的领导与群众"沟通日"，设立了总经理信箱，开展领导与群众直接或间接的对话活动。

第二，以"效率"为核心，全面开展企业的经济体制改革。

南方大厦百货商店以"效率"为倡导，从企业经营、管理两个层次，展开企业的内部改革，打破了传统的低效率的运行模式，有效地适应了商品经济竞争的要求。他们把竞争机制引入企业，不断强化职工的竞争意识。在实践中，逐步建立起以总经理为中心的指挥系统。以市场为导向，结合承包制，他们建立了13个部门的人员岗位责任制，修订了"财产管理""人事管理""进货出仓单据流转规范管理"等制度，加强了对进货、出仓、资金、合同、费用的监控。他们还建立了"大堂经理值班制""三级检查制"等现场督导制度，从上而下形成全面质量管理监督系统，促进售货员服务工作的标准化、规范化。

第三，以"多思"为核心，不断创新企业的经营方式。

"多思"，就是创新。"多思"的倡导，就是要求每个员工敢于思考，勤于思考，善于思考，充分发挥自己的聪明才智。近几年来，南方大厦广大员工在不断接受新观念的同时，善于从现代消费者的消费心理出发，以文化手段引导消费，创造出一系列新的促销形式形成经营的新格局。他们大胆革新过去单调的、火柴盒式的营业环境和分散式的商品排列，把商品种类按人的日常生活的密切程度不同重新组合排列，使经营专业化、科学化。并根据人们的生活审美观念，设计出种种新颖的营业环境，以适应现代化社会的要求：如开辟"趣苑商场""男士精品屋""女士时装屋""钟表廊""精品包装屋""家居之友""玩具城"、开架自选商场等，不断创新经营格调和购物环境。

第四，以"奋发"为核心不断激发员工的开拓精神，实现企业飞跃发展。

南方大厦百货商店以"奋发"为核心指导思想，不断谋求企业的腾飞。从1984年起，南方大厦百货商店大胆进行改革，按照"扬长避短、形式多样、互利互惠、共同发展"的原则，跨地区、跨行业进行了工商、商商、农商等方面的

167

"人事合一"与"胜任力管理"
来自实践的新理念、新方法

横向联合尝试。并在此基础上,大力发展集团化经营,使企业向更高级经营形式过渡。1988年3月,南方大厦百货商店在所属企业基础上,又成立了"南方大厦股份集团公司",实现了体制改革的新突破,对横向经济联合的发展起到极大推动作用。5月,南方大厦在全国商业企业中首家得到进出口贸易权,9月初,经市人民政府批准,南方大厦与日本福冈市株式会社岩田屋结为友好商店,发展业务贸易和人才培训交流,目前,该店已与日本、美国、澳大利亚、俄罗斯、匈牙利等国家和香港地区的一些企业建立了贸易关系。他们拟将联营打向国外,参与国际市场,力争把南方大厦办成国际一流的、具有较大规模、具有稳定经营结构的商业股份集团公司。

第三阶段为严守这些信念及有关的政策。美国IBM的董事长小托马斯·沃森在他写的《一个企业和它的信念》一书中,深有体会地说:"我以为一家公司成与败之间的真正差距,往往可以追究到这样一个问题,就是这个组织到底能把它的职工们的干劲和才智发挥出多少来。在帮助它的职工们彼此间找到共同目标方面,它做了些什么?""我坚定地相信,为了生存下去并取得成功,任何一个组织都必须具备一整套健全的信念。""我还认为,公司取得成功的唯一最重要的因素便是忠实地严守这些信念。""IBM"到了沃森一代,仍然是美国的第一流企业,这和沃森父子严守"IBM意味着服务"的信念是分不开的。

第一,领导者要身体力行,信守价值观念。

企业领导者的模范行动是一种无声的号召,对下属成员起着重要的示范作用。因此,要塑造和维护企业的共同价值观,领导者本身就应是这种价值观的化身。他们必须通过自己的行动向全体成员灌输企业的价值观。领导者要坚定信念,要在每一项工作中体现这种价值观。领导者确定了价值观体系之后,可以通过象征性行为、语言、故事等各种方式表示出自己对价值观体系始终如一的关注,从而使广大员工也跟着来关注价值观体系的实现。因为领导者大权在握,所以他喜欢什么,不喜欢什么,下属都非常注意观察。道理很简单,当下属的只有迎合领导者的价值观念,才能得到赏识和升迁。因此,领导者关注什么,就如指挥棒一样,

第六章
文化管理：从价值观的确立走向价值观的更新

对下属起着指挥的作用。

那么，领导者如何来表示出自己对某种价值观体系的关注与重视呢？

其一是通过象征性的行为。如，特里·迪尔和阿伦·肯尼迪合著的《公司文化》一书中就讲到了通用电气公司现任董事长的一个故事：那时候杰克·韦尔奇还是一个集团的主管经理，他为了表示出对解决外购成本过高的问题的关注，在办公室里装了一台特别电话，号码不对外公开，专供集团内全体采购代理商使用。只要某个采购人员从供应商那里争得了价格上的让步，就可以直接给韦尔奇打电话。无论韦尔奇当时正在干什么，是谈一笔上百万美元的业务还是同秘书聊天，他一定会停下手头的事情去接电话，并且说道，"这真是太棒了，大好消息；你把每吨钢材的价格压下来两角五分！"然后，他马上就坐下来起草给这位采购人员的祝贺信。韦尔奇的这种象征性做法不仅使他自己成了英雄，也使每一位采购代理商成了不同于一般人的英雄。

实际上，任何一种制度，任何一个座位的安排，任何一次访问，都是富于象征意义的行为。重视市场的人总是首先问起市场开发营销，重视经济效益的人总是首先问起财务，杜邦化学公司的人总是首先问起安全问题。想要改变价值观体系，就得把长久以来形成的发问的习惯变一变。因此，有人谈到象征在管理中的作用时指出，每一个使用象征手法的行动既是它们本身又是一出小戏，在这个意义上说，领导也是戏剧艺术家。

其二是要天天讲，时时讲。领导人要抓住价值观体系，全神贯注，始终不渝。如斯堪的纳维亚航空公司的简·卡尔岑以服务作为经营的宗旨，从不放过任何一个微小的机会反复强调服务。你从来听不见他谈论飞机，他总是谈论乘客。他非常注意用词：斯堪的纳维亚航空公司不再是"以资产为中心的企业"，而是"以服务为中心的企业"，不再是"技术型或经济效益型公司"而是"市场型公司"。百事可乐公司总经理安迪·皮尔逊同董事长唐·肯德尔一道带领百事可乐公司打了一场不同寻常的翻身仗。皮尔逊也是不断地谈论一个主题，就像一张磨坏了的旧唱片不断地重复一个乐句一样。在百事可乐公司，永恒的话题是提倡和发扬创

"人事合一"与"胜任力管理"
来自实践的新理念、新方法

业精神，在公司里发表演说的时候，不论听众是谁，皮尔逊总是不厌其烦地谈到采取行动，谈到市场试验："你们在干什么？""过去四天里你们那个市场试验搞得怎么样？"

其三是利用提升晋级这种"未被充分认识"的管理工具。领导最关注什么，最明确最清楚的信号就是提升，尤其是在发生变革的时刻更是这样。通过提升，大家最清楚地了解到你所坚持的价值准则和优先顺序。

有的领导在变革的时候，用提升来奖励那些在旧体制和旧的价值准则之下工作有方、备受赞誉、忠心耿耿的老部下，这实际上是一种浪费。提升不应当用于这种场合，因为提升的机会相对来说比较少，而且这是一种独一无二的发出信号的方式，它向你的同事和下属指明方向，要求他们面向未来，适应新的价值准则和方针。

正因为提升起着这样一种作用，作为高级领导应多多参与下级的提升工作，或亲自决定，或进行审查。据说通用汽车公司传奇式的人物艾尔弗雷德·斯隆经常不出席制订政策方针的会议，但从不错过一次人事工作会议。当时通用公司已经雇用25万职工了，可他还要花三到四小时来考虑一个小工厂的总工程师的任命。他把花在这方面的时间看作是对公司做出的最主要的贡献，这是他表明自己关心哪些事情的主要手段。

其四是透过日程的安排显示出来。领导人每年365天的日程安排正是（但不仅仅是）衡量他们关注什么的唯一有效的标准。有一个公司的董事长发表演说时强调要提倡和发扬公司内的创业精神，可是这个信息和精神却传达不下去。后来咨询顾问检查了他的日程安排，仔细分析他几个月来的活动内容，发现他在这个目标上只不过用了3%的时间，他的注意力和重点不在这里，而且他的下属和职工全都清楚地感觉到这一点。可见，领导真正关注什么，是一点也假不得的。另有一家大建筑公司，由工程师们担任主要领导，这家公司在新开辟的海外地区业务膨胀太快，经营不善。咨询顾问分析了几个月来高级经理人员每周例会的议事日程，一分钟一分钟地进行分析，发现他们大约80%的时间是在讨论非常具体

第六章
文化管理：从价值观的确立走向价值观的更新

的工程技术问题，而不是讨论如何实施海外经营的计划，他们谈起工程技术问题时感到更熟悉些。此后的12个月里，他们的经理人员会议越来越多的注意力放到了海外扩张计划的实施上，最后在议程上占了70%的时间，结果情况迅速好转了。

其五是利用故事和范例。事实证明，人类的推理过程在很大程度上是借助于范例故事，而不是大量资料数据。故事，尤其是真人真事，很难被人忘记。故事和范例生动、形象，为人们提供了行动的榜样和深刻的教训，往往比大本的规章手册有效得多。下面的事例足以说明：有一次，雷·克罗克访问温尼佩格的麦克唐纳特许快餐店，他发现了一只苍蝇，仅仅是一只苍蝇，可是它破坏了"质量、服务、清洁和实惠"的原则。两星期后，温尼佩格的那位快餐店老板的特许代理权被吊销了。在这件事流传开之后，绝大多数麦克唐纳快餐店都拼命消灭苍蝇，他们想出各种近乎神奇的办法保持餐厅里没有苍蝇，一只也没有。这就是范例和故事的效用。

第二，要积极强化符合价值标准的行为，巩固企业文化。

人的价值观的形成是一种个性心理的积累过程，这不仅需要很长的时间，而且需要给予不断的强化。人的合理行为只有经过强化予以肯定，这种行为才能再现，进而成为习惯稳定下来，从而使指导这种行为的价值标准转化为主体的价值观念。因此，对符合企业价值标准的行为要不断强化，给予肯定。

强化手段的选择，要因人而异。我们经常强调精神鼓励和物质鼓励以及两者相结合，指的就是强化手段的运用技巧问题。应该注意的是不能片面重视物质手段的运用，因为这毕竟只能满足人的低层次需要。必须重视精神手段的运用，否则，不可能产生持久的强化效果。精神的力量不仅会影响一个人的现在，而且对他的将来也会产生深远的影响。有个心理学家指出，人在没有激励的情况下，其能力只发挥30%～50%，在得到物质性激励时，能力可发挥50%～80%，而在得到精神激励时可发挥80%～100%。行为得到不断强化而稳定下来，人们就会自然地接受了指导这种行为的价值准则，从而使企业的价值观念为全体成员所接受，

"人事合一"与"胜任力管理"
来自实践的新理念、新方法

形成企业文化。

第四阶段为适应形势变化，发展企业文化。企业文化并不是一成不变的，而应随着内外环境的变化不断发展和完善。当一种企业文化形成时，它反映了企业成员的动机和想象，随后建立起来的有关制度和工作程序，提供了这个企业获得成功所必不可少的行为方式。但是，这种文化是以开始的条件为基础的，随着企业的发展和条件的变化，原有的企业文化就可能会与形势的需要不相适应。这时，领导者就要及时地予以发展和完善，在一定条件下甚至完全扬弃旧文化，重新创造新的企业文化。但由于价值观念的更新是一个艰难的过程，而且需要很长的时间，因此，要尽量避免完全重建，最好是逐步发展和完善。领导者要积极推动变革。他们可以通过推行参与管理、加强信息沟通等方式来加速企业成员观念的转变过程。当然，必要时也可以采取强制性措施来推行变革，这取决于外部环境的变化程度。如果外部环境变动剧烈，企业成员一时又难以接受新的价值观念，在这种应急情况下，企业领导也可以强行变革，以保证企业对外界的适应能力。《赢得优势》一书中提到这么一个例子：科宁玻璃公司多年以来一直是以装饰玻璃为主要产品的。可是这个市场已开始萎缩了。正在这时阿瑟·霍顿被任命为公司总经理，他想把科宁公司变成一个高技术型公司，他采取了什么办法呢？他来到成品库房，那里装满了科宁公司有史以来生产出的最漂亮的玻璃制品（可是都是些滞销积压产品）。他带着一把大铁榔头亲手把价值几百万美元的成品打成粉碎，他的目的是让大家都清楚他要改弦更张，弃旧图新。他果然成功了。

宝安集团在第一次创业阶段，大力倡导"开拓""创新""敢为天下先"的精神，发行了新中国第一张股票，成立了新中国第一家股份制企业，发行了第一张可转换债券、第一张认股权证，开了在二级市场上收购上市公司的先河，引发了在国内外有重大影响的"宝延风波"。然而，在进入二次创业阶段后，如仍恪守原先的理念，就显得不合适。

有一位学者曾就第二次创业中如何整合宝安集团的企业精神提出意见，其中有些合理内核：

第六章
文化管理：从价值观的确立走向价值观的更新

宝安精神＝宝石精神＋安生精神

宝石精神的内涵为以质为先、奉献自我，宝石精神决定企业的产品是真品、正品、精品和珍品。

安生精神的内涵为以人为本、服务社会。安生精神决定企业的行业是房地产业、生物医药业、金融证券业、网络信息业。

当然，其提出的意见，有些也不足为取。他认为，宝安形象＝家中玉女形象，其内涵是高贵、典雅、纯洁、恒久。这未免有点望文生义，缺乏实用价值和可操作性。

联想的文化也在发展。

联想总裁柳传志从1998年开始关注互联网，1999年4月，柳传志向联想人发出"互联网，你准备好了吗"的信号。2000年，新世纪的开端，联想集团大举进入互联网，仿佛一夜之间一步跨入。他们由网络终端产品延伸信息服务，由传统的分销系统延伸电子商务。为适应企业转型，联想也在改造旧模子，建设一种新文化。

联想现在在拼命招人，天天都有新面孔。尽管网罗人才可以填补新业务的空缺，但联想固有的文化却有可能使新人产生不适应感。柳传志已经意识到，新联想不能再要求关键人物既有"雷锋精神"，又有"盖茨才能"了。

长期以来，联想招人标准首选"血型要对"，任何人进来都要适应联想文化，柳传志称之为"入模子"。

但联想过去提升外来者的纪录并不令人羡慕，杨元庆与郭为在联想浸染和磨砺十几年后才成为领军统帅，其他高级人才也都有从低级职位苦苦跋涉的类似过程。

而分析家认为，网络企业的特征要求人才与公司同样快速成长，一级一级的缓慢提升，不仅牺牲了时间，也可能磨灭了新人的灵感。与此同时，联想即将开始大规模并购，如果以固有文化去套那些年轻的CEO，既可能给并购造成麻烦，也会为"降将的位置"大费心血。

联想在大规模工业制造上早已显示卓越才华，而如何融进一块充满活力的互

"人事合一"与"胜任力管理"
来自实践的新理念、新方法

联网业务，尚待求证。

那些互联网的先行者们，对这个未来的竞争对手已发出一种冷笑：联想可以凭借庞大的资金实力挤进互联网，但他们缺乏专业人才，更缺一种新思维。

如果联想正在进行的互联网业务无法摆脱规范化大工业的束缚，不可能出现一种新型的企业生态，新领域的新人马很难获得"思想解放"，互联网所需的艺术家灵感不能激发，势必产生一种创新者窘境。

为此，柳传志已在着手"改模子"。他说："新领域的新文化，首要的是如何容纳天才。"

美国的汤姆·彼得斯在其《管理的革命》一书中提到，只有偏执狂才能保证企业的生存与发展，企业必须营造一种适合"偏执狂"成长的环境。或者说，必须营造一种适合偏执狂成长的文化氛围。汤姆·彼得斯列出了一项规划，提出了14个要点。

（1）聘用具有强烈好奇心的职员。招聘职员条款的第一行就应考虑到要聘用这些有好奇心想象力的人。而那些在学校里平均分数很高，从没逃过一堂课的人往往是乏味之极。

（2）雇佣一些不太正常的人。单是好奇心还不够，我们需要一些真正疯狂的家伙，需要寻找那些对冒险永不满足的类型的人。如果我们要制造有创见的产品，那么我们必然需要有创见的人。

（3）消除缺乏思想的家伙，培养狂热之士，给独特的人以权力。他举例说，有的领导走进房间，一切便开始有秩序，却也开始变得机械、呆板。有的领导走进来，尽管一切都很糟糕，但空气中有了活跃的气氛。在聘用或提升职员时应注意到这种区别，这一点是至关重要的。

（4）寻找年轻人。百事公司之所以能够保持年利润250亿美元，其中一个重要的原因就是公司能够重用那些看起来没有经验的年轻人。年轻人思想包袱不重，善于在困境中寻求发展。

（5）坚持给每个人一些休闲时间。人们总需要时间恢复精力，特别是在一

第六章
文化管理：从价值观的确立走向价值观的更新

段非常紧张的工作之后。

（6）尽享一个休假年。土地需要休耕期，我们也需要重新调整自己。如果连续工作5年连个休假年也没有，恐怕真的要死气沉沉了。

（7）建立新的内部交往机制，努力营造一个良好的气氛。使人们能够充分表现自己；允许人们不定时相聚；鼓励大家聚会和聊天。

（8）建立各种俱乐部，吸引外部人士，支持兴办新颖的教育节目。去请一些超出公司单调、乏味生活之外的人，包括一些能人和人们所喜欢的小说家。

（9）观察一下人们的好奇心。在半年工作回顾时，可以考虑让每个雇员交一份汇报：今年在工作之余我做了什么怪事；在工作中我有过什么疯狂的想法；在工作或非工作时，我最有创见的观点是什么；我认为公司里最愚蠢的条款是哪几条。

（10）寻找临时的工作。找一份更激动人心，使公司的某方面的经营达到更高层次的工作。

（11）在镜中观察。如果将领没有什么创见，那么他的军队恐怕也不可能有所建树。如果总裁自己缺乏激情，那么他的讲话内容就丝毫不能打动听者，也就难怪他为什么不能影响他的手下。

（12）培养人的好奇心。可参加关于人的创造力的研讨会，将经过时间检验的技巧应用到采购、营销等所有的问题中去，从而更好地吸收人们的古怪想法，引发自己的灵感。

（13）使工作妙趣横生，使人们充满活力。工作理应是一种乐趣，乐趣或者放松使人对工作不再生畏。

（14）改变节奏。如下周四去打一场小型高尔夫球，或下午看一看训练电影，甚至在吃中饭时买10把漂亮的水枪然后在财会部的办公室里打水仗。

汤姆·彼得斯在列举了14个要点后还做了这么一段小结：天才通常生活在社会的边缘（他们永远对传统采取怀疑的态度），并一直保持一点的"心智清纯"。我们大多数成不了天才，但至少我们可以创造一种公司文化，或一种工作场所，可以保持纯真，培养好奇心。

附 录

某上市公司人力资源规划

一、制定规划的目的

为公司实施战略规划提供人力资源方面的支持，满足公司2015-2017年对人员总量及各类别人员的需求。

二、制定规划的方法

借鉴人力资源规划的相关理论、方法、经验，结合公司的实际情况进行制定。具体操作按下列步骤：

（一）收集相关信息，对现有的人力资源状况进行盘点，包括对人员总量和各类别人员的性别结构、年龄结构、学历结构、职称结构及业绩、胜任力考核结果进行统计，形成2015年某公司人力资源状况统计表。

（二）人员需求预测。采用人员配置模型和经验测算等方式，对公司2017年需求的人员总量和各类别人员的数量及比例进行测算。形成公司人员总量需求测算表和各类别人员的数量及比例测算表。

（三）人员供给预测。借助现有在岗人员统计表、各类关键人才储备图、各类人员流失率统计表等工具对企业内部所能提供的人力资源进行预测，内部供给人员＝现岗人员＋储备人员－流失人员。

（四）对比人才需求和内部供给的情况，形成某公司2015-2017年人才缺口预测表。

（五）根据对供需情况及缺口的预测，制定2015-2017年某公司人力资源规划，规划的主要内容包括：人才引进计划、员工培养计划、职务晋升计划和职称评审计划。

三、上述各个环节所形成的资料

（一）2015年某上市公司人力资源状况统计表（不含遵义公司）

类别	项目总人数	性别 男	性别 女	年龄 ≤30	年龄 31~40	年龄 41~50	年龄 >50	学历 其他	学历 大专	学历 本科	学历 研究生	学历 博士	职称 无	职称 初级	职称 中级	职称 高级	业绩 A	业绩 B	业绩 C	胜任力 A	胜任力 B	胜任力 C
总体	572	507	65	366	165	35	6	376	108	76	12	0	0	503	54	15						
公司管理层	6	5	1	0	4	1	1	0	0	3	3	0	0	0	0	6						
部门经理（总监）	23	20	3	6	10	6	1	1	8	14	0	0	0	0	15	8						
研发（技术）序列	65	58	7	47	16	2	0	7	16	33	9	0	0	56	9	0						
采购（仓储）序列	14	10	4	8	5	1	0	7	6	1	0	0	0	13	1	0						
制造序列	267	249	18	166	78	20	3	245	19	3	0	0	0	240	26	1						
营销序列	50	43	7	39	10	1	0	15	26	9	0	0	0	50	0	0						
人事行政序列	13	6	7	7	5	1	0	4	2	7	0	0	0	12	1	0						
财务序列	4	3	1	3	1	0	0	1	1	2	0	0	0	4	0	0						
设备序列	10	10	0	4	4	1	1	5	4	1	0	0	0	10	0	0						

续表

类别	项目	总人数	性别 男	性别 女	年龄 ≤30	年龄 31~40	年龄 41~50	年龄 >50	学历 其他	学历 大专	学历 本科	学历 研究生	学历 博士	职称 无	职称 初级	职称 中级	职称 高级	业绩 A	业绩 B	业绩 C	胜任力 A	胜任力 B	胜任力 C
品质序列		120	103	17	86	32	2	0	91	26	3	0	0	0	118	2	0						

注：2015年业绩考核和胜任力考核尚未进行，故这两栏A、B、C等级的人数未能填上。

（二）2017年某上市公司人员总量需求测算表

	变量	营业收入(a)	净利润(b)	产量(c)	设备数(d)	研发项目数(e)	备注
①	当前变量值	30000(万)	6000(万)	20000(套)	124(台)	4(项)	2015年值
②	当前人才数	575					
③	配置标准	0.02	0.10	0.03	4.64	143.75	③=②/①
④	权重	0.2	0.15	0.3	0.15	0.2	
⑤	模型系数	0.0038	0.0144	0.0095	0.6956	28.7500	⑤=③×④
⑥	配置模型	y=0.0038a+0.0144b+0.0095c+0.6956d+28.75e					
⑦	预测期变量值	70000(万)	13500(万)	50000(套)	460(台)	10(项)	2017年值
	将2017年各项变量值套入配置模型后得出：						
⑧	预测期总人数	1545					2017年值
⑨	调整后人数	1096					2017年值

注：1. 2015年的营业收入、净利润、产量是预测值，是根据相关领导和相关部门提供的数据填写的；设备数和研发项目数是实际值。

2. 2017年的营业收入、净利润、产量也是预测值；设备数是依据现有数量和未来两年的设备采购计划测算；研发项目数是研究院的预估值。

（三）2017年某上市公司各类人才数量及比例测算表

类别	现状 数量	现状 比例	2017年 调整后结果 数量	2017年 调整后结果 比例	2017年 测算结果 数量	2017年 测算结果 比例	与现状对比 数量	与现状对比 比例	备注
总体	572	100%	1545	100.00%	1096	100.00%	524	0.00%	
公司管理层	6	1.05%	16	1.03%	13	1.19%	7	0.14%	
部门经理（含总监）	23	4.02%	62	4.01%	41	3.74%	18	−0.28%	
研发序列	65	11.36%	176	11.39%	130	11.86%	65	0.50%	
采购（含仓储）序列	14	2.45%	38	2.45%	24	2.19%	10	−0.26%	
制造序列	267	46.68%	721	46.67%	500	45.62%	233	−1.06%	
营销序列	50	8.74%	135	8.54%	78	7.11%	28	−1.63%	
人事行政序列	13	2.27%	35	2.26%	33	3.01%	20	0.74%	
财务序列	4	0.70%	11	0.71%	15	1.37%	11	0.67%	
设备序列	10	1.75%	27	1.75%	19	1.73%	9	−0.02%	
品质序列	120	20.98%	324	20.97%	243	22.17%	123	1.19%	

注：调整结果的测算按下列方法：

1. 公司管理层调整结果为13人，增加7人，其中本部增加2人（制造副总、营销副总），遵义5人（总经理、生产副总、供应链副总、财务副总、人事行政副总）；
2. 部门经理（含总监）调整结果为41人，其中本部31人（总监8人，经理23人）遵义10人（总监3人，经理7人）；
3. 研发序列调整结果为130人，按同比例增加，再减去25%；
4. 采购（含仓储）序列调整结果为24人，按同比例增加，再减去40%；
5. 制造序列调整为500人，按同比增加，再减去25%；
6. 营销序列调整为78人，按同比例增加，减去40%
7. 人事行政序列调整结果为33人，其中本部18人，遵义15人；
8. 财务序列调整为15人，其中本部10人，遵义5人；
9. 设备序列调整为19人，其中本部5人，遵义14人；
10. 品质序列调整结果为243人，按同比增加，再减去25%。

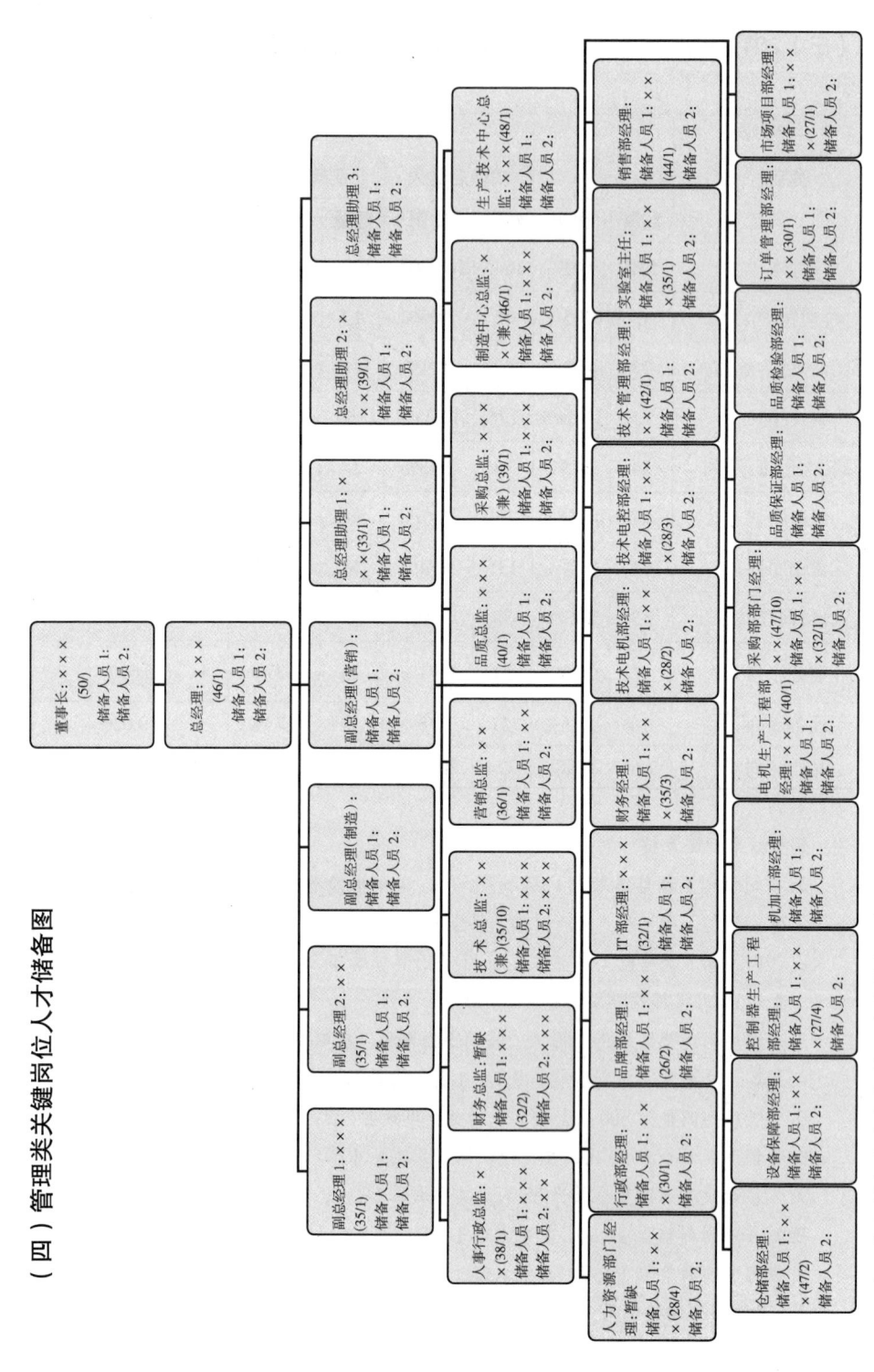

"人事合一"与"胜任力管理"
来自实践的新理念、新方法

（四）管理类关键岗位人才储备图

董事长：×××(50)
储备人员1：
储备人员2：

总经理：×××(46/1)
储备人员1：
储备人员2：

副总经理（营销）：
储备人员1：
储备人员2：

副总经理（制造）：×××(35/1)
储备人员1：
储备人员2：

副总经理2：×××(35/1)
储备人员1：
储备人员2：

总经理助理1：××(33/1)
储备人员1：
储备人员2：

总经理助理2：××(39/1)
储备人员1：
储备人员2：

总经理助理3：
储备人员1：
储备人员2：

人事行政部门经理：×(38/1)
储备人员1：××(28/4)
储备人员2：×××

行政部经理：
储备人员1：××(30/1)
储备人员2：

品牌部经理：
储备人员1：××(26/2)
储备人员2：

营销总监：××(36/1)
储备人员1：
储备人员2：

品质总监：×(40/1)
储备人员1：
储备人员2：

采购总监：×(39/1)
储备人员1：
储备人员2：

制造中心总监：×(46/1)
储备人员1：
储备人员2：

生产技术中心总监：×××(48/1)
储备人员1：
储备人员2：

销售部经理：
储备人员1：×(44/1)
储备人员2：

市场项目经理：
储备人员1：××(27/1)
储备人员2：

财务总监：暂缺
储备人员1：×××(32/2)
储备人员2：×××

技术总监：
(兼)×(35/10)
储备人员1：
储备人员2：

财务经理：
××(35/3)
储备人员1：
储备人员2：

技术电控部经理：
储备人员1：××(28/2)
储备人员2：

技术管理部经理：
储备人员1：×(42/1)
储备人员2：

实验室主任：
储备人员1：×(35/1)
储备人员2：

订单管理部经理：
储备人员1：×(30/1)
储备人员2：

IT部经理：
(32/1)
储备人员1：
储备人员2：

控制器生产工程部经理：
储备人员1：××(27/4)
储备人员2：

电机生产工程部经理：×××(40/1)
储备人员1：
储备人员2：

采购部门经理：
储备人员1：×(47/10)
储备人员2：

技术电控部经理：
储备人员1：××(28/3)
储备人员2：

品质保证部经理：
储备人员1：××(32/1)
储备人员2：

品质检验部经理：
储备人员1：
储备人员2：

人力资源部门经理：暂缺
储备人员1：××
储备人员2：

仓储部经理：
储备人员1：×(47/2)
储备人员2：

设备保障部经理：
储备人员1：×××
储备人员2：

机加工部经理：
储备人员1：×××
储备人员2：

注：储备图每个方框括号里汇总的数字，表示的是任职者的年龄和任现职的年限；如（35/1）表示年龄35岁，任现职一年时间（下同）。

182

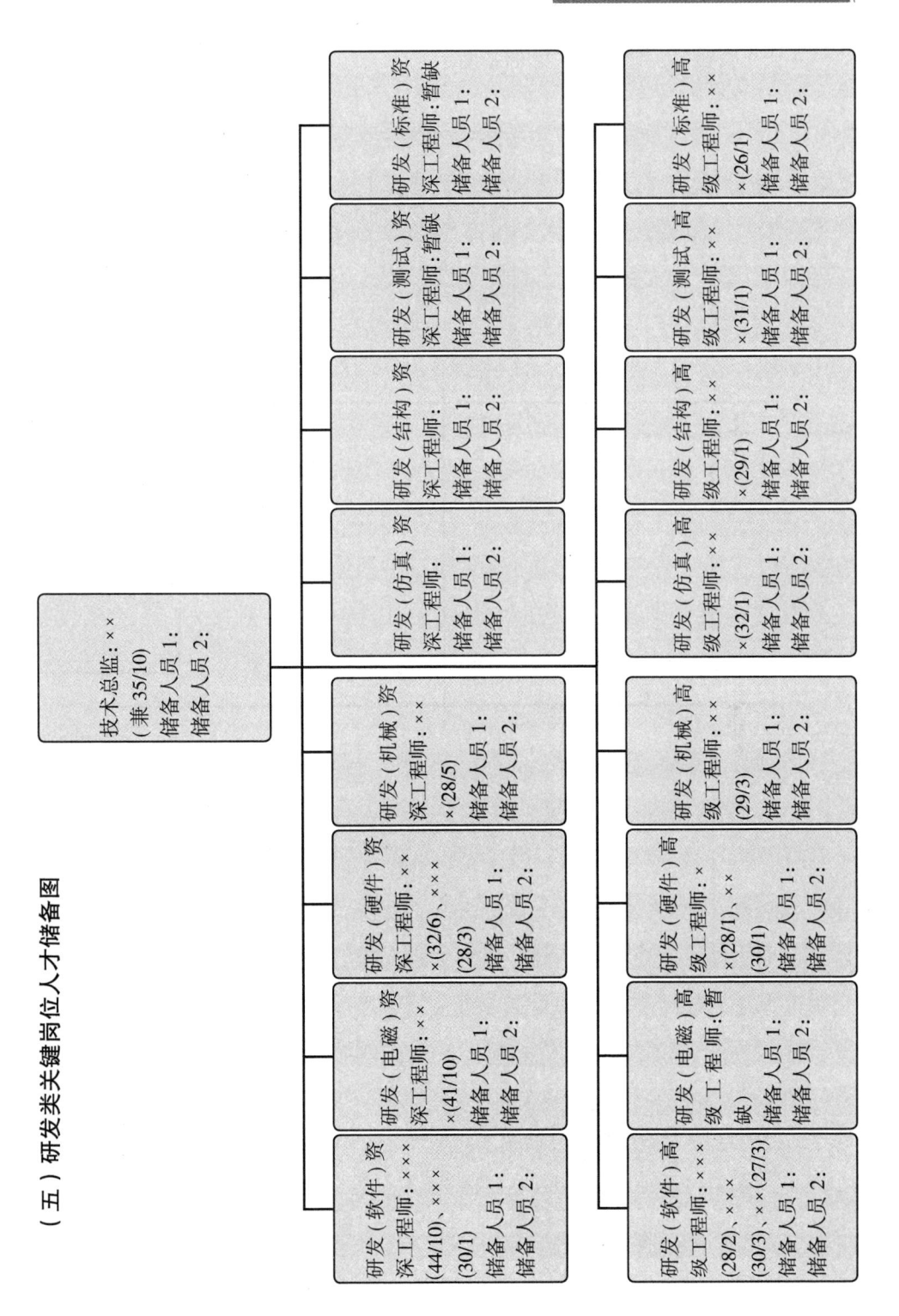

（五）研发类关键岗位人才储备图

```
技术总监：××
（兼35/10）
储备人员1：
储备人员2：
```

研发（软件）资深工程师：×××(44/10)、×××(30/1) — 储备人员1： 储备人员2：

研发（电磁）资深工程师：××(41/10) — 储备人员1： 储备人员2：

研发（硬件）资深工程师：××(32/6)、×××(28/3) — 储备人员1： 储备人员2：

研发（机械）资深工程师：×××(28/5) — 储备人员1： 储备人员2：

研发（仿真）资深工程师：暂缺 — 储备人员1： 储备人员2：

研发（结构）资深工程师：暂缺 — 储备人员1： 储备人员2：

研发（测试）资深工程师：暂缺 — 储备人员1： 储备人员2：

研发（标准）资深工程师：暂缺 — 储备人员1： 储备人员2：

研发（软件）高级工程师：××(28/2)、×××(30/3)、××(27/3) — 储备人员1： 储备人员2：

研发（电磁）高级工程师：暂缺 — 储备人员1： 储备人员2：

研发（硬件）高级工程师：××(28/1)、××(30/1) — 储备人员1： 储备人员2：

研发（机械）高级工程师：×××(29/3) — 储备人员1： 储备人员2：

研发（仿真）高级工程师：×××(32/1) — 储备人员1： 储备人员2：

研发（结构）高级工程师：×××(29/1) — 储备人员1： 储备人员2：

研发（测试）高级工程师：×××(31/1) — 储备人员1： 储备人员2：

研发（标准）高级工程师：×××(26/1) — 储备人员1： 储备人员2：

183

（六）营销类关键岗位人才储备图

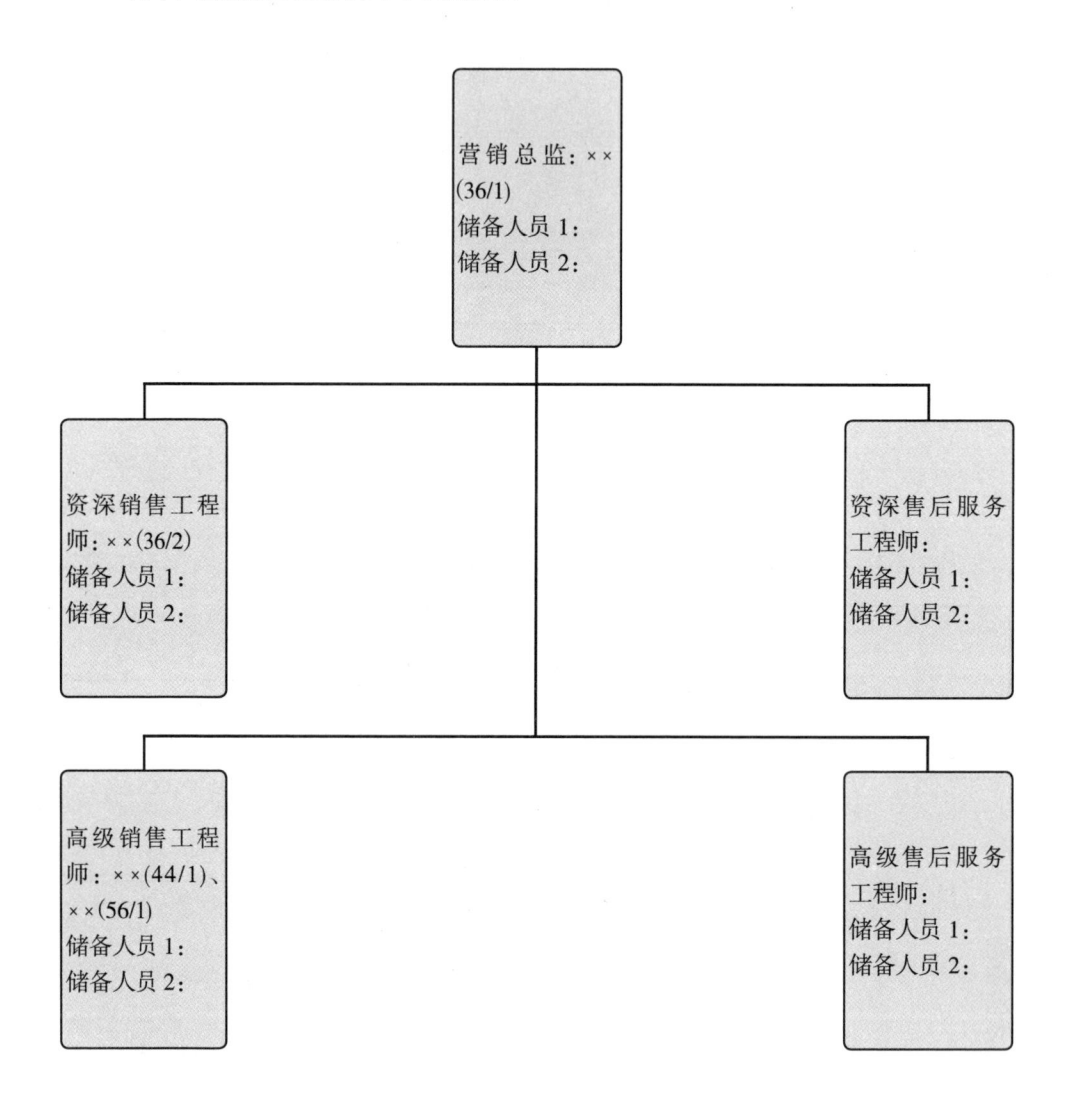

```
                    营销总监：××
                    (36/1)
                    储备人员1：
                    储备人员2：
                   /            \
        资深销售工程              资深售后服务
        师：××(36/2)              工程师：
        储备人员1：                储备人员1：
        储备人员2：                储备人员2：
         |                              |
        高级销售工程              高级售后服务
        师：××(44/1)、            工程师：
        ××(56/1)                 储备人员1：
        储备人员1：                储备人员2：
        储备人员2：
```

（七）技能类关键岗位人才储备图

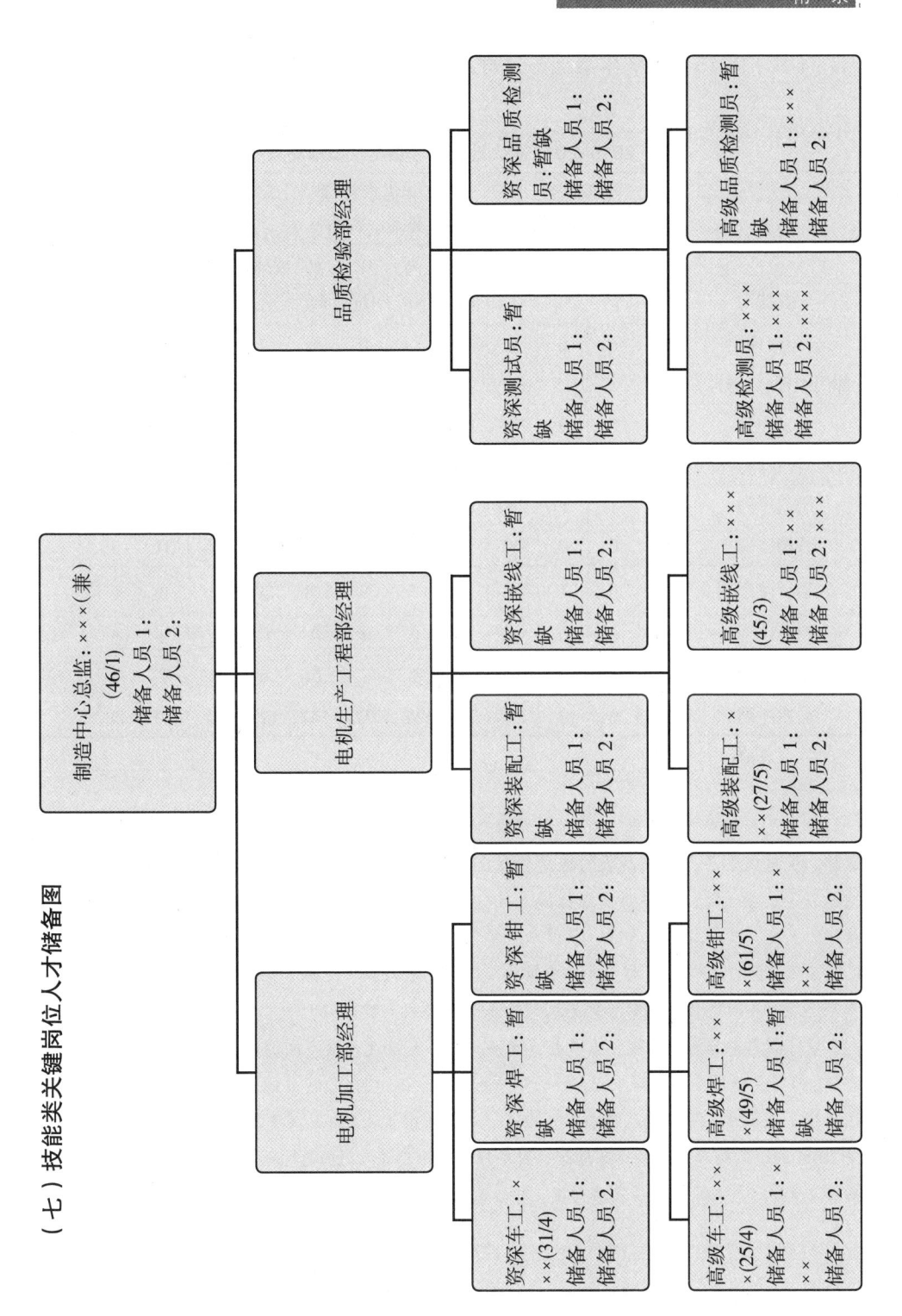

制造中心总监：×××（兼）(46/1)
储备人员1：
储备人员2：

品质检验部经理

- 资深品质检测员：暂缺
  储备人员1：
  储备人员2：
  - 高级品质检测员：暂缺
    储备人员1：×××
    储备人员2：
- 资深测试员：暂缺
  储备人员1：
  储备人员2：
  - 高级检测员：×××
    储备人员1：×××
    储备人员2：×××

电机生产工程部经理

- 资深嵌线工：暂缺
  储备人员1：
  储备人员2：
  - 高级嵌线工：×××(45/3)
    储备人员1：×××
    储备人员2：××××
- 资深装配工：暂缺
  储备人员1：
  储备人员2：
  - 高级装配工：××(27/5)
    储备人员1：
    储备人员2：

电机加工部经理

- 资深钳工：暂缺
  储备人员1：
  储备人员2：
  - 高级钳工：××(61/5)
    储备人员1：××
    储备人员2：
- 资深焊工：暂缺
  储备人员1：
  储备人员2：
  - 高级焊工：××(49/5)
    储备人员1：暂缺
    储备人员2：
- 资深车工：××(31/4)
  储备人员1：
  储备人员2：
  - 高级车工：××(25/4)
    储备人员1：××
    储备人员2：

185

（八）2015-2017年某上市公司人才供给缺口预测表

<table>
<tr><th colspan="13">2015-2017年大地和人才供给缺口预测表</th></tr>
<tr><th rowspan="2">类别</th><th colspan="4">2015年现有数（职务/职称/资格）</th><th colspan="4">2017年需求数（职务/职称/资格）</th><th colspan="4">供需缺口人数（职务/职称/资格）</th><th rowspan="2">备注</th></tr>
<tr><th>总数</th><th>高</th><th>中</th><th>初</th><th>总数</th><th>高</th><th>中</th><th>初</th><th>总数</th><th>高</th><th>中</th><th>初</th></tr>
<tr><td>总体</td><td>572</td><td>15</td><td>54</td><td>503</td><td>1096</td><td>56</td><td>160</td><td>873</td><td>524</td><td>41</td><td>106</td><td>370</td><td></td></tr>
<tr><td>公司管理层</td><td>6</td><td>6</td><td>0</td><td>0</td><td>13</td><td>13</td><td>0</td><td>0</td><td>7</td><td>7</td><td>0</td><td>0</td><td></td></tr>
<tr><td>部门经理（含总监）</td><td>23</td><td>8</td><td>15</td><td>0</td><td>41</td><td>11</td><td>30</td><td>0</td><td>18</td><td>3</td><td>15</td><td>0</td><td></td></tr>
<tr><td>研发序列</td><td>65</td><td>0</td><td>9</td><td>56</td><td>130</td><td>26</td><td>52</td><td>52</td><td>65</td><td>26</td><td>43</td><td>-4</td><td></td></tr>
<tr><td>采购（含仓储）序列</td><td>14</td><td>0</td><td>1</td><td>13</td><td>24</td><td>2</td><td>3</td><td>19</td><td>10</td><td>2</td><td>2</td><td>6</td><td></td></tr>
<tr><td>制造序列</td><td>267</td><td>1</td><td>26</td><td>240</td><td>500</td><td>50</td><td>100</td><td>350</td><td>233</td><td>49</td><td>74</td><td>110</td><td></td></tr>
<tr><td>营销序列</td><td>50</td><td>0</td><td>0</td><td>50</td><td>78</td><td>16</td><td>31</td><td>31</td><td>28</td><td>16</td><td>31</td><td>-19</td><td></td></tr>
<tr><td>人事行政序列</td><td>13</td><td>0</td><td>1</td><td>12</td><td>33</td><td>3</td><td>9</td><td>21</td><td>20</td><td>3</td><td>8</td><td>6</td><td></td></tr>
<tr><td>财务序列</td><td>4</td><td>0</td><td>0</td><td>4</td><td>15</td><td>2</td><td>4</td><td>9</td><td>11</td><td>1</td><td>4</td><td>5</td><td></td></tr>
<tr><td>设备序列</td><td>10</td><td>0</td><td>0</td><td>10</td><td>19</td><td>2</td><td>7</td><td>14</td><td>9</td><td>2</td><td>7</td><td>4</td><td></td></tr>
<tr><td>品质序列</td><td>120</td><td>0</td><td>2</td><td>118</td><td>243</td><td>24</td><td>72</td><td>147</td><td>123</td><td>24</td><td>70</td><td>29</td><td></td></tr>
</table>

注解：

1. 2015年人员现有数、2017年需求数、供需缺口数的高、中、初中均包括相应的职务、职称、资格或学历；列入高级的为总监以上管理职务、高级工程师以上专业技术职务、高级技师以上技能人员、获得博士学位的人员；列入中级的为部门经理级管理人员、工程师级专业技术人员、技师级技能人员、获得硕士学位的人员；列入初级的为主管级以下的管理人员、助理工程师级以下专业技术人员、中级技工以下技能人员，获得本科学位以下的人员；

2. 2017年需求总数的测算为本部数＋遵义公司人员数；

3. 2017年各类人员高、中、初人员测算按不同情况采用不同的测算办法；其中：公司管理层、部门经理层按实际需求测算；研发序列的高、中、初按2:4:4的比例测算；采购（含仓储）序列按1:1:8的比例测算；制造序列的高、中、初按1:2:7的比例测算；营销序列高、中、初按2:4:4的比例测算；人事行政序列、财务序列高中初按1:3:6的比例测算；设备序列高、中、初按1:4:5的比例测算；品质序列高、中、初按1:3:6的比例测算。

（九）2015-2017年某上市公司人力资源规划

根据2015-2017年某上市公司人才供给缺口的预测，公司现有人力资源总量为575人，2017年人力资源需求总量的预测是1096人，缺口为524人，其中公司管理层人员的缺口为7人；部门经理（含总监）的缺口18人；研发序列的缺口是65人；采购（含仓储）序列的缺口为10人；制造序列的缺口为233人；营销序列的缺口28人；人事行政序列缺口17人；财务序列的缺口11人；设备序列缺口9人；品质序列的缺口123人。

为达到供求平衡，满足战略实施对人力资源的要求，公司拟采取外部引进、内部培养、职务晋升、职称评定等措施解决人才供给缺口问题，并分别制订外部引进计划、内部培养计划、职务晋升计划和职称评审计划。

1. 外部引进计划

根据分析，人员缺口中需通过外部引进解决的，主要是高端的专业技术人员、一线的技术工人。

（1）高端专业技术人员的引进。根据缺口分析，2017年前共需引进高端专业技术人员26名，主要是硬件、软件、机械、结构、工艺、测试等方面的高级工程师，这些人员的引进，主要途径是通过猎头公司或熟人介绍。

①猎头计划：选择合适的猎头公司、签订猎头协议、确定通过猎头寻找的岗位、跟进猎头的过程。对猎头公司介绍的人选由公司组织进一步的测试，经领导审批后引进。对高端人才可采用特岗特薪或给与一定的股权来吸引人才。

②熟人介绍：可通过行业协会、高等院校、共同研发机构等单位的熟人介绍高端专业技术人才。经公司组织测试后报领导审批引进。

（2）一线技术工人的引进。根据缺口分析，2017年前，共需引进233名，其中高级工49人，中级工74人，初级工110人，主要是装配工、嵌线工、车工、测试员、检测员等工种。引进的主要途径有：

①人才市场：预订展位、发布招聘广告、印发宣传材料、现场招聘面试，经用人部门复试后报批录取。

②技工学校：选择联系相关学校、开展校园宣传、现场面试，经用人部门复试后报批录取。

2. 内部培养计划

根据分析，人员缺口中需通过内部培养解决的，主要是高中层的管理人员和高中级的技能人员。

（1）高中层管理人员的培养。根据缺口分析，2017年前约需培养高中层管理人员54人，其中公司管理层13人，总监级11人，经理级30人。主要培训途径包括举办高中层管理人员培训班、试行教练制、轮岗挂职，参加外部的学历教育、短训班、专题讲座等。

①每年举办一次高中层管理人员培训班，着重就领导能力、规划能力、监控能力、创造能力、人才培养能力等进行系统化培训。

②试行教练制，根据管理类关键岗位储备图，为储备人员指定教练，并制订实施教练计划，对实施效果进行评估奖惩。

③试行轮岗或挂职锻炼，本部人员可到下属企业挂职，下属企业人员也可到本部挂职，加强本部和下属企业的人员交流。

④根据需要选派中高层管理人员参加学历教育或培训班、专题讲座等。

（2）高中级技能人员的培养。根据缺口分析，2017年前需培养技能人员约123人，其中高级工49人，中级工47人。主要培养途径为师徒制和技能级别的评定。

①师徒制按照公司制定的师徒制试行办法执行，通过师徒配对、制订辅导计划、实施计划、评估奖惩等环节实施。公司现有1名资深级技工和6名高级技工，按一带一或一带多，可带约30名徒弟。

②技能级别的评定按公司《胜任力管理手册》中的"职称评定办法"执行，每年组织一次技能等级的评定，评定结果和薪酬挂钩。

内部培养的费用预算为____，其中办培训班费用_____，学历教育费用_____，教练补贴____，师傅补贴_____，其他费用_____。

3. 职务晋升计划

根据缺口分析，现有管理人员中，高、中层管理岗位空缺的有28个（本部缺18个，3个总监岗位，15个经理岗位；遵义缺10个，3个总监岗位，7个经理岗位），在岗人员中，属年龄偏大、任期偏长、能力偏弱、业绩偏差、应考虑人员更新的岗位有1个，上述岗位的补充和更新，主要途径靠内部的资格认证和职务晋升计划。

管理人员的职务晋升，一般是先参与任职资格认证，获取相应资格，才具有相应的晋升机会。

管理人员职务晋升采用的方式主要是竞聘制和选任制，以竞聘制为主。按集团和公司的规定，竞聘制的程序为：确定竞聘岗位、组织报名、资格审查，笔试面试、民意测评、综合评审、确定人选、发文聘任；选任制的程序为领导、部门推荐或个人自荐，人力部门组织考察和民意测评，班子会议审议，领导审批发文。

公司每年组织一次管理人员的任职资格认证。认证方式按公司《胜任力管理手册》中的"任职资格认证办法"执行。另，根据工作需要和人员储备情况，公司每年组织一至二次岗位竞聘，如报名参加竞聘的人数不够，可采用选任制或考任制的方式选拔干部。

4. 职称评定计划

现有的专业技术人员中，获得国家或企业评定职称的人员偏少，根据缺口分析，高级专业技术人员的缺口有75个（包括研发、采购、营销、人事行政、财务、设备、品质等专业），中级专业技术人员的缺口有105个（包括的专业如前所述）；现有的技能人员中，获得国家或企业评定的技能等级的人员也偏少，根据缺口分析，高级技能人员缺口是49个（制造序列），中级74个（制造序列）。

公司鼓励专业技术人员和技能人员积极参加国家权威部门组织的职称评定和技能等级的评定，凡经考评获得职称或技能等级的，都可享受相应级别的薪酬待遇及其他相关待遇，并有优先晋升职务的机会。

根据《胜任力管理手册》中的"职称评定办法"，公司每年组织一次内部职称和内部职能等级的评定工作，评定程序按相关规定执行，包括组织报名、笔试、面试、综合评审、审批发文等环节。获得企业内部的职称和技能等级的，同样享受相应的薪酬待遇及其他相关待遇。

某上市公司人才队伍建设方案

为适应集团发展的要求，解决目前人才队伍存在的人员老化、储备不足、派出难、更新难等问题，特提出以下人才队伍建设方案。

一、人才队伍建设的目标

1. 人才队伍的界定

凡具备一定的知识、技能，能够从事创造性劳动，为集团及所属企业的发展带来价值的员工都是集团的人才。集团各单位可依据人才的定义，结合所在行业、所在企业的特点，具体界定本单位的人才标准和人才范围。

2. 总目标

积极营造人才脱颖而出、施展才华的良好环境，通过各种方式和途径，培养和造就一批数量大、质量高、靠得住、有本事的人才。重点打造好经营人才、技术人才和管理人才的人才团队。

3. 分目标

（1）人才数量目标：人才总量稳步增长，队伍规模与集团业务发展同步扩大，基本满足集团的战略发展需要。

（2）人才素质目标：人才素质大幅提升，结构进一步优化。到2020年，人才的层次、类别等结构趋于合理，人才专业化、职业化、年轻化特征明显。

（3）使用效能目标：人才使用效能明显提高。人才选聘、培养、激励等方面的制度和机制进一步完善，人才辈出、人尽其才的环境基本形成，人均利润值明显提升。

（4）比较优势目标：人才竞争比较优势明显增强，竞争力不断提升。形成一批熟悉业务领域、富有开拓精神的经营人才；一批国家级的技术专家人才和产品研发人才；一批优秀的企业管理人才。

二、人才队伍建设的策略

人才队伍的建设，既要面对现实，也要放眼未来。根据集团确立的人才队伍建设的目标，相应采取如下策略。

1. 人才富裕策略

在人才引进方面采取"人才富裕策略"。根据集团发展的需要，凡需储备、派出人员的岗位，在确定人员编制时，可按110%设定岗位的编制人数；某些关键部门在按岗位编制数招收人员时，实际招收的人员可略超过编制数，经过一段时间的试用后，再按编制数留下比较优秀的员工，把比较差的淘汰出去。

2. 标准引领策略

在人才培养方面采取"标准引领策略"。即为各类各级人员制订职业化标准，以职业化标准为培养的目标，引领各类各级人员朝这个目标发展。在实际操作上可分为三个步骤，一是制订标准，如各级管理者的任职资格标准，各类专业人员的任职资格标准；二是运用标准对各类各级人员进行评估（资格认证）；三是在认证的基础上，针对弱项，制订实施领导力开发计划。

3. 环境营造策略

在人才使用方面采取"环境营造策略"。各级领导以身作则，营造"尊重人才"的文化氛围，为人才提供良好的发展平台和比较优厚的薪酬待遇。

三、人才队伍建设的方法

集团人才队伍的建设要兼顾人才职业生命的周期，具体方法包括人才引进、人才培养、人才使用和人员退出。

1. 人才引进

人才引进的基本目的在于"增加人才的数量"。主要措施如下：

（1）加快紧缺人才的引进。

①引进渠道。

高端人才：紧缺的高端人才主要通过猎头或者熟人推荐的方式从外部引进，除了对其专业能力、管理水平进行测试外，要重点关注候选人的价值理念与集团企业文化的融合度及性格特点与岗位的匹配度，还要通过背景调查加深对其历史表现的了解。

中端人才：紧缺的中端人才一般通过社会招聘的方式从外部引进，特别难找的可通过猎头引进，主要测试其领导力、专业能力和文化融合度。

低端人才：紧缺的低端人才一般通过校园招聘，社会招聘作为校园招聘的一种补充，除了要测试其专业知识、专业技能外，还要重点考察其发展潜力。

②引进标准。

人才引进既要注重被引进人才的现实作用，也要注重其未来的价值，以利于人才队伍的稳定与成长，也有利于公司的发展。

各类各级人员的标准参照各类各级人员的任职资格标准或胜任力模型（一般岗位参照职务说明书中的任职资格标准，关键岗位要求建立胜任力模型）。

③引进原则。

人才引进坚持专业化、职业化、年轻化的原则，引进人员的学历一般在本科以上，年龄一般在45岁以下，不同行业不同岗位可根据实际情况对年龄限制做适当调整。

外部引进一般为总部副部长（含）以下、所属公司副总经理（含）以下岗位的人才。引进的副职人员经过一段时间考察，靠得住、有本事的可走上正职岗位或更高一级岗位。

（2）空降兵的引进：积极利用和整合社会人才资源，引进具有丰富工作经验的经营人才、技术人才和管理人才。引进的空降兵必须有知名企业相关工作岗位的工作履历和背景。集团高管岗位可尝试引进1~2名空降兵；集团总部和所属公司可适当引进部分空降兵。

2. 人才培养

人才培养的基本目的在于"提升人才的能力"，主要措施如下：

（1）人才培养要成为集团战略实施的推动力。可通过对《宝安宪章》《三力系统》《标杆管理》《加减法》的宣讲，使员工深刻领会集团发展的目标、战略、文化等，同心同德实现集团未来宏伟的目标。

（2）坚持执行任职资格制度，引领员工走职业化发展道路。各级管理干部，必须经过认证，获得相应级别的任职资格，才能晋升或继续担任相应的管理职务。各级专业技术人员也必须经过认证，获得相应级别的任职资格才能晋升或继续担任相应的专业技术职务。各类各级员工都必须学习、掌握集团的《管理者任职资格管理制度》和《专业技术人员任职资格管理制度》。

（3）实施"人才储备计划"：建立起集团重点关键岗位常态化后备人才梯队，重点做好集团高管、集团总部部门正职和所属公司董事长、总经理等岗位的后备人才团队建设。在后备人才晋升后要相应补充后备梯队人才库，常年保持梯队人才数量相对稳定。人才储备计划的实施分三步走：

①确定对集团发展有重大影响的重点关键岗位。

集团总部的重点关键岗位：集团高管、各部门正职负责人、投资和资产管理、资金管理等核心部门的高级项目经理；

所属公司重点关键岗位：各级企业董事长、总经理为首的管理团队；

各企业的核心研发人员、关键工艺技术岗位人员；核心产品重点区域的营销人员。

②选择重点关键岗位的后备人选。

集团总部重点关键岗位的后备人选：

集团高管：高管后备人选一般从集团总部各部门正职及所属公司董事长、总经理的现有人员中挑选。

各部门正职负责人：集团总部部门负责人的后备人选一般从集团总部副职或所属公司表现优秀的副职中挑选。如内部没有合适的人选，可从外部引进专家级人才，一般情况下先任副职，待考察一段时间后合适的再任正职。

投资、资产管理、资金管理等岗位的后备人才在内部培养的基础上，更多地从外部引进有一定经验和水平的人才。

所属公司重点关键岗位的后备人选：

董事长、总经理：所属公司的董事长、总经理后备人选一般从所属公司副职和集团总部部门副职及部分表现特别突出的基层管理人员中挑选，侧重于内部培养。

财务总监：财务总监由集团内部培养，先从外部引进专业化较高的财务人员，在集团内部通过教练、轮岗、挂职等各种方式进行针对性的培养，逐步形成一批派得出的优秀的财务管理人才队伍。

核心研发和关键工艺技术人才：所属公司的核心研发和关键工艺技术人才后备人选可从企业现有的技术骨干中挑选，或从外部引进，侧重于外部引进。

营销人才：营销人才的后备人选可从内部的营销部门中挑选，也可以从外部引进。主要是考察其营销策划能力、现场销售管理能力和过往的销售业绩。

重点关键岗位的后备人才梯队建设，通过人才储备图及人才信息卡的方式进行管理。

③施培训计划，重在教练与沙盘模拟训练。

根据人才储备图及人才信息卡，为梯队人才制订培训计划，通过教练、沙盘模拟和轮岗挂职等方式帮助其快速成长，并进行跟踪评估和考核，从后备人才中选择优胜者作为重点接班人，逐步完善集团重点关键岗位的人才梯队建设。

3. 人才使用

人才使用的基本目的在"引发人才的激情"。主要措施如下：

（1）创造有利人才发挥作用的工作环境。

一是定期开展薪酬调查，适时调整各类人才的薪酬水平，使其整体薪酬待遇

"人事合一"与"胜任力管理"
来自实践的新理念、新方法

略高于市场同类岗位的中位数或平均数,对具备高技能,带来高价值的员工试用特岗特薪。二是在重视公司事业发展的同时,重视员工个人的事业发展,通过资格认证、竞聘上岗、轮岗挂职、后备干部培养、年终人才盘点等方式,为各类人才提供晋升的路径。要大胆使用年轻干部,在使用中加快年轻干部的成长。三是各级领导以身作则,在各级企业中树立尊重人才的风气,包括尊重人才的知识、劳动、价值、个性风格等,以企业的人性关怀把各类人才的"心"留住。

(2)适才适岗。

①加强工作分析和岗位任职资格认证。

对岗位进行工作分析,明确岗位的工作职责和任职资格标准是做到人岗匹配的前提,也是人才管理工作的基础,集团各单位要充分认识到这项工作的基础性和重要性,本着科学、严谨的原则和对工作分析尽量量化、细化的要求来明确岗位职责和要求。同时要开展岗位任职资格认证,结合岗位职责和集团现有的管理类和专业技术类资格认证,定期开展资格认证,挑选和提升能达到岗位要求的人才到合适的岗位上,对于不符合岗位要求的人员要及时以适当的方式给予处理。

②把人才安排到最能发挥其优势的岗位上,做到"适才适岗"。

对现有的人才进行评估,识别其优劣。人才优势的形成在于其先天具有的某一方面的"天赋"加上后天相关方面的学习、修炼。各级管理者可通过平时的细心观察或岗位轮换,或借助"优势识别器"的识别,发现各位员工的优势,尽可能地把员工安排到最能发挥其优势的岗位上。员工认为所安排的岗位未能发挥自己的优势,可主动提出换岗的申请。

(3)强调人才团队建设,重在"能力组合"。

人才效能的发挥离不开团队,企业管理要建立管理团队,技术攻关要建立技术团队。团队效能的发挥,最重要的在于能力的组合。为解决能力组合问题,首先必须明确每个团队的功能定位;其次要分析实现其功能主要靠哪几方面的能力(如管理能力或技术能力);然后再根据各方面的能力要求挑选具备某种能力的人才担任相关职务,从而构成一个高效能的团队。就管理团队的人才组合而言,不仅要重点关注能力的组合，还要关注个性特质的组合，避免一山二虎。

对新并购企业的人才整合，一是并购前必须对企业的经营团队及其每个成员进行严格的评估，从管理团队的角度，判断这个企业是否值得收购。二是并购后要进行人力资源整合，要设计挽留方案，留住关键人才，尤其是要留住核心产品开发人才；要进行组织结构调整，尤其是要做好高层管理团队的调整。

4. 人员退出

人员退出的基本目的在于"克服人才的老化"。主要措施如下：

（1）实行任期制。

中、高层管理人员实行任期制，一般任期三年，期满重选；某些特殊岗位（如采购等）规定最长任职时间不能超过三年；必要时，在某些部门或所属企业可试行先辞职、后竞聘的做法。

（2）中高层管理人员试行任职最高年龄制。

集团高管任职最高年龄，男性一般为58岁，女性一般为53岁；原则上不再提拔55岁以上的人任集团高管；集团总部部门负责人和所属公司经营团队成员任职最高年龄，男的一般为55岁，女的一般为50岁。原则上不再提拔50岁以上的人任集团总部部门正职和所属公司董事长、总经理。

因超过设定的最高年龄而退出原有岗位的人员可做如下安排：集团高管及部分总监可安排为高级调研员或高级巡视员；集团部门总经理、总监、部长（主任）和下属二级公司的董事长、总经理可安排为调研员或巡视员；集团部门的副职（副部级、助理级）和下属二级公司的副职（副总级、助理级）可安排为助理调研员或助理巡视员。

（3）实施经理人退出办法。对因期满未能连任，竞聘未被选中等原因而退出原岗位的经理人，按"三力系统"所规定的"经理人退出办法"处理。

（4）执行末位淘汰制度。

一年内业绩考核和胜任力考核均为C的管理人员，给予降职或降薪处理；连续两年业绩考核成绩为C的，调离现有岗位，另行安排适合的岗位；连续两年胜任力考核成绩为 C 的，调离现有岗位，另行安排适合的岗位。

（5）坚持富余人员处理办法。

对因各种原因而出现富余的人员，通过调岗、内退、离岗退养、解除劳动合同等不同的方式尽快加以处理。坚持依法处理和人性关怀相结合原则。员工有专长而企业又有需要的，尽量给予安排；未能安排的依法办理终止或解除手续。

四、人才队伍建设的重点

1. 经营人才队伍建设

经营人才队伍建设重点关注投资类人才和营销类人才。集团投资类人才要熟悉相关行业（至少一种行业）背景、具备行业战略眼光、勇于创新、敢于突破、有突出的分析能力和投资能力。营销类人才要成为所在公司的销售精英和策划专家，能全力推动公司的市场开发和产品销售，并能取得优异的销售业绩。经营人才队伍建设的重点工作在于培养应届毕业生和引进专业化的外部人才。

（1）定期开展校园招聘并设定成长路径。

集团和各单位定期（一般为每年一次）开展校园招聘，并把具备投资和营销潜力的应届生作为重点招聘对象，每年引进一批重点大学相关专业优秀毕业生，并对应届生设定人才成长路径，有计划有针对性地进行培养和训练，储备一批优秀的经营后备人才。

（2）引进外部相关专业人才。

①选定外部擅长投资类人才和营销类人才猎取的猎头公司，利用其专业及资源为集团此类人才引进提供专业服务。

②建立起集团外部投资类人才库和营销类人才库，对人才库从两个维度进行划分与动态管理，一个维度是按高端、中端、基层人才层次划分，另一个维度是从入职意愿强度即强、中、弱三种意愿进行划分，做到对投资类和营销类外部人才库的动态跟进管理。

2. 技术人才队伍建设

专业技术人才（特别是产品开发人才）的引进和培养是集团未来发展的重要支撑。在未来10年中，集团要从各种单位（高校、企业、研究机构）引进一批有较深资历、有知名企业从业经历的行业内国家级专业技术人才（特别是产品开发人才），并与集团现有的人才融合，形成三大产业技术人才高地。技术人才队伍建设的重点工作在于营造一个良好的技术人才环境、优化引进方式和加大引进力度。

（1）完善各类人才政策如"宝安人才专项资金"政策、"特岗特薪"政策、股权激励政策、股权共享政策、利润共享政策等，另外要为技术专家提供专门的研发经费，专款专用。通过各项制度的建立、各项机制的完善来提升集团对高端技术人才的吸引力，并形成良好的文化环境。

（2）内部专家推荐和定向定点猎取：鼓励各产业内部专家推荐行业内尖端技术人才或提供相关人才的信息，对于此种行为给予相应的奖励。通过内部专家提供的人才信息，采取定向定点猎取的方式，主动出击，通过各种方式约谈相关候选人，促进其加盟集团。

（3）不定期参加各类技术专题峰会、年会或颁奖会，了解、认识该技术领域的尖端人才，通过各种方式促进其了解、熟悉、认同并最终加盟集团。

3. 管理人才队伍建设

管理类人才主要分为两类，一类是经营管理人才，重点是集团的高管和所属公司的董事长、总经理。他们掌管集团或所属某一企业经营管理的全局，对集团或某一企业的经营业绩负责；一类是专业管理人才，重点是集团或所属企业某一职能领域的专家或权威。他们负责集团或所属某一企业中某一职能的管理，在专业上精益求精。集团管理人才队伍建设的重点工作在于所属公司董事长、总经理和集团总部部门正职的选拔培养。

（1）建立目标人才库：在集团范围内挑选一定数量的后备人选分别进入董事长、总经理后备人才库和总部正职后备人才库，入选条件如下：

①集团总部部长助理级以上、所属公司总助级以上职位；

②上年度业绩考核成绩为 B 以上，胜任力考核成绩为 B 以上；

③本科以上学历，在集团工作满 3 年以上；

④经所在单位推荐，或同事推荐或本人推荐；

⑤经集团人力资源部进行测评和综合评估，符合进入相应后备人才库的条件。

（2）集中训练：为进入人才库的后备人选举办为期两周的封闭式训练班，培训内容包括领导力提升、职业管理行为规范、经营案例分析（集团的实际案例）等方面，力求能解决实际经营管理中碰到的重点、难点问题。培训后对所有学员进行考核，考核结果分为 A、B、C、D（分别占 20%、30%、30%、20%），对于被评为 C、D 的学员，为本次培训不合格学员，可作为下一期训练班的学员。

（3）轮岗挂职：对训练班考核成绩为 A、B 的后备人选，在年内安排其轮岗挂职，挂职职位为培养目标职务的副职，轮岗挂职的时间一般为半年至一年。

（4）管理教练：在轮岗挂职期间，为后备人选指定管理教练，一般情况下，其教练为目标岗位现任人员，轮岗挂职期满后，由管理教练对后备人选进行考核评分，评分为合格和不合格两个等级。对于不合格的人选，再给予一次轮岗挂职的机会。

（5）在职深造（MBA、E-MBA 等）：对于轮岗挂职取得合格成绩的后备人选，集团可安排其参加北大或清华的 MBA 或 E-MBA 学习，支持其继续深造。

（6）竞聘上岗或选聘上岗：对于已具备条件的后备人选，通过竞聘方式或选聘的方式走上目标岗位。

五、人才队伍建设的配套政策

1. 获取政策

（1）设立"宝安人才专项基金"（增强高端人才的吸引力度）。

为吸引优秀人才加盟集团，支持集团内部人才的成长与发展，设立"宝安人才专项基金"，主要包括两部分：人才引进基金和人才发展基金。

①人才引进基金：对于市场上引进难度大且集团急需的高端管理人才和专业技术人才，在引进时可给予一次性安家费。

②人才发展基金：对于集团拟定的重点岗位的优秀后备人才，集团鼓励其参加在职的 MBA 或 E-MBA 学习，在原有培训政策的基础上可另外申请一次性学习补助。

（2）特岗特薪（吸引高中端优秀人才）。

对市场上难以寻找，能为企业创造重大价值的人才，集团实施特殊的薪酬政策，即针对这些特殊人才，可以不受集团现有薪酬政策中薪酬水平的限定，在签订《特殊岗位绩效合约》的情况下，特殊人才的薪酬水平可以高于现有薪酬水平的上限，从而为人才引进解除薪酬水平的限制，有利于高端的管理人才和专业技术人才的引进。

（3）竞争上岗（为内部有能力的人才提供发展平台）。

倡导人才之间良性的竞争，鼓励员工参与集团的岗位竞聘。为给内部有能力的人才提供发展平台，每年定期举行竞争上岗工作，竞聘岗位的比例占集团年度人员晋升的比例逐年提升。2012 年为 10%，2015 年提升到 30%，2020 年提升到 50%。

2. 保留政策

（1）股权激励。

通过上市公司平台，实施股权激励措施，把公司发展与员工发展紧密结合在一起，提升员工工作的积极性和忠诚度。集团按有关规定，在一定时期内授予优秀骨干员工一定额度的期权，让员工一起分享公司成长的成果，留住优秀和骨干员工。

（2）股权共享。

完善直接购股、技术入股、合伙入股、增量奖股等企业股权共享制度，对不同类型股权共享的条件、方式、相关考核指标、实施时间及步骤等制定相关的细则，在合适的条件下相关企业或项目团队即可按照相关制度申请，经集团审批后

"人事合一"与"胜任力管理"
来自实践的新理念、新方法

即可予以实施，以大力增强经营团队和核心骨干员工的经营主动性、工作积极性，把企业发展与员工利益捆绑在一起。

（3）利润共享。

完善集团利润共享机制，优化所属公司的利润分红、红股分成等共享机制。设定年度或项目目标，在完成目标任务的基础上，按照约定好的提成比例对公司经营团队给予奖励，提升经营团队的积极性和稳定性，使绝大多数经营者在日常工作中能尽心尽力。

（4）企业年金。

在现有社保的基础上建立起集团的年金管理制度，减少员工对退休后生活及养老的顾虑，进一步提升员工的忠诚度和归属感，留住优秀人才。

3. 成长政策

（1）轮岗挂职。

完善集团轮岗挂职政策，打破人才专业、单位、地域的限制，营造开放、流动的用人环境。扩大集团总部与所属公司人才跨部门、跨单位轮岗挂职的范围，拓展集团总部专业人才和所属公司高管人才的交流渠道。

（2）资格认证。

完善集团管理类和专业技术类两条职业发展通道。资格认证常态化，每年定期举行管理和专业类的资格认证工作，以此来带动员工的职业化水平的不断提升。在此基础上建立关键岗位胜任力模型，结合每年的业绩考核对员工的胜任力进行评价。

（3）管理教练。

优化集团管理教练办法的相关规定，在一定范围内先试行师徒制，在逐步优化和确认效果的基础上定期实施教练计划，每年选定部分重点后备人员，为其确定教练，启动教练计划，并由专人跟踪计划落实情况，每年进行计划实施情况的评估和考核，同时也将教练工作列入教练本人的年度绩效任书中进行考核。

4.退出政策

（1）经理人退出办法。

因业绩考核或胜任力考核不合格，或任职资格认证不达标，或竞聘上岗未被选中等原因而退出的经理人，按"三力系统"中规定的"经理人退出办法"处理。

（2）末位员工处理办法。

以员工业绩考核成绩和胜任力考评为依据，对年度内两项考评均为 C 的员工采用降级降薪或调岗的方式进行处理。通过退出机制的建立与实施，对现有员工保持适当的压力，促使员工不断地提升，并能将部分确实不符合集团发展的人员淘汰出局，真正体现优胜劣汰的自然规律，从而保证集团健康发展。

（3）富余员工处理办法。

因企业经营状况不良，关、停、并、转或实行优化组合等原因而出现富余员工时，可采用培训再就业、内退、离岗退养以及解除劳动合同等方式进行处理。

六、人才队伍建设方案的组织实施

1.集团领导高度重视、积极推动

集团领导要发挥积极推动的作用，在巡视下属企业或分管企业时，既过问业绩指标完成情况，也过问人才队伍建设情况，既对业绩完成提出指导性意见，也对人才队伍建设提出指导性意见，并注重发掘、发现各单位的优秀人才，热心当好后备人才的导师或教练。

2.所属企业负责人广泛参与、有效执行

集团所属各企业负责人要深刻学习、领会集团人才队伍建设方案，并结合所在企业的实际情况组织拟订本单位的人才队伍建设方案，并对实施执行情况进行定期的跟踪和检查，保证方案的有效执行。

3.相关部门定期检查、认真落实

集团人力资源部对人才队伍建设发挥专业引导的作用，具体负责本方案的制订和实施过程的指导；集团审计部作为集团内控部门，负责对本方案实施效果的评估和监控。具体评估工作按下列办法执行。

（1）评估对象。

本方案实施，有赖于集团领导、所属公司负责人和集团及所属公司人力资源部门三方面的共同努力，上述三方面的人员对本方案的实施结果均承担责任，因而均列为考核评估对象。

（2）评估标准、方式。

上述三方面的人员在落实本方案的过程中，所发挥的作用不同，因而评估的标准和方式也不同。具体见评估表（附后）。

（3）评估主体。

集团领导及总部人力资源部的评估主体为集团的内审部门（集团审计部），所属企业负责人及人力资源部门的评估主体为集团人力资源部。由不同的评估主体依据不同的评估表对上述评估对象分别进行评估。

（4）激励办法。

评估结果纳入相关单位（部门）或个人的年度业绩考核成绩，并和奖惩挂钩。一是作为加减分项目，本项成绩达90分以上的奖励3分，达不到80分的扣减3分；二是设立专项奖，对实施本方案取得明显成效的给予专项奖励。

附：1. 人力资源管理部门落实人才队伍建设方案评估表

2. 所属企业负责人落实人才队伍建设方案评估表

3. 集团高层管理人员落实人才队伍建设方案评估表

附表1：人力资源部门落实人才队伍建设方案评估表

序号	评估项目	权重	评估内容（行为标准）	评估方式（方法工具）	评估成绩	备注
1	人才引进	30	人才引进的计划、行动、成果	1. 人力资源管理部门自查（填报）2. 审计部审核评分		
2	人才培养	30	人才培养的计划、行动、成果			
3	人才使用	30	人才使用的措施、成效			
4	人员退出	10	人员退出的措施、成效			

附表2：所属企业负责人落实人才队伍建设方案评估表

序号	评估项目	权重	评估内容（行为标准）	评估方式（方法工具）	评估成绩	备注
1	领会方案	25	深刻学习、领会集团的人才队伍建设方案	1. 所属企业负责人自查（填报） 2. 集团人力资源部考核评分		
2	提出目标	25	根据本企业下一年度经营目标、经营策略对公司的人才队伍建设提出明确的目标要求			
3	跟踪过程	25	定期对本企业人才队伍建设方案的落实情况进行检查、督促（每季度检查一次）			
4	考核结果	25	对本公司人力资源部门落实人才队伍建设方案的实际成效进行考核			

附表3：集团高层管理人员落实人才队伍建设方案评估表

序号	评估项目	权重	评估内容（行为标准）	评估方式（方法工具）	评估成绩	备注
1	宣传	20	积极宣传集团的人才队伍建设方案	1. 集团高管自查（填报） 2. 集团审计部考核评分		
2	指导	20	在巡视下属企业或分管企业时，既过问业绩指标完成情况，也过问人才队伍建设情况，既对业绩完成提出指导性意见，也对人才建设提出指导性意见			
3	举荐	30	在巡视下属企业过程中，注重发现、发掘各单位的优秀人才，并积极向集团领导和人力资源部门举荐			
4	教练	30	热心充当后备人才的导师或教练，关注部下的能力表现，及时提供指导、帮助			

某上市公司组织管理手册（摘录）

前 言

公司的组织管理体系，指的是以公司的战略为目标，结合公司的现状，全面科学地对公司的行政、人事、财务、研发、生产、营销等部门进行细化，明确其职能权限和岗位职责。

公司构建组织管理体系的目的，在于优化公司的基础管理，提升各部门的协同能力，推动公司的日常经营和战略发展。

《组织管理手册》的编写，以公司组织结构图总表（8.24版本）为基础进行细化，内容分为组织结构、部门职能、岗位设置、岗位职责、管理权限等五个部分。组织结构部分包括公司组织结构图和各中心的组织结构图；部门职能部分包括各中心的基本职能及主要工作；岗位设置部分包括各中心各二级部门的岗位设置表；岗位职责部分包括各中心各二级部门各岗位的岗位职责；管理权限部分明确规定各中心各二级部门和相关领导的审批权限，包括提议权、审核权、审定权、批准权、知会权等。

公司各部门均须认真执行《组织管理手册》，严格履行部门的职能，努力完成部门的各项主要工作；各部门的员工须认真履行岗位职责，完成好各项工作任务。对于不执行大地和系统化管理相关规定而给公司带来损失或不良影响的，公司将按照问责制的有关规定，追究相关部门或相关人员的责任。

组织管理手册编写组　二〇一七年二月

一、组织结构

（注：以人事行政中心为例，部门职能、岗位设置、岗位职责、管理权限等模块均摘录相关部分）

人事行政中心组织结构图

```
                        行政部
                       （经理）
           ┌──────────────┼──────────────┐
      人力资源部         行政部          IT部
      （经理）         （经理）        （经理）
    ┌──┬──┬──┬──┐  ┌──┬──┬──┬──┬──┐    │
   招 培 绩 薪 员  行 品 前 司 保 清   IT工
   聘 训 效 酬 工  政 牌 台 机 安 洁   程师
                关                    员
                系
```

二、部门职能

人事行政中心基本职能及主要工作

1. 人事行政中心基本职能

（1）建立科学完善的人力资源管理与开发体系，实现公司人力资源的合理配置与管理效能的有效提升，促进员工与公司的共同发展。

（2）为公司内外部关系的协调提供高效的行政管理服务；保证公司网络的正常运行，推动公司的信息化建设。

2. 人事行政中心主要工作

（1）人力资源部。

①人力资源规划。

A. 根据公司发展战略组织制定人力资源战略规划，全面统筹考虑干部和技术人员的梯队建设。

B. 根据公司年度经营计划，组织各部门完成人力资源年度盘点，制订相应的人力资源需求和供给计划。

②招聘与选拔管理。

A. 负责制定人力资源招聘管理制度，完善招聘流程，拓展并维护招聘渠道。

B. 根据部门岗位设置，在工作分析的基础上，组织各部门编写、修订完善岗位说明书。

C. 根据部门用人需求，组织实施招聘工作，并参与对应聘人员的面试筛选。

D. 负责新员工的入职手续办理，组织员工试用期管理及期满考核评价，试用合格后安排正式录用。

③培训管理。

A. 制定、完善公司培训制度，明确培训相关工作流程，构建多层次培训体系。

B. 根据公司发展需求及部门培训需求调查，编制公司年度培训计划，拟定培训预算。

C. 负责新员工、在职员工、转岗员工的培训组织、实施及考评，建立内部培训档案。

D. 负责建立和维护内外部培训渠道和资源，形成内部讲师制度，担任基础通用培训课程的内部讲师。

E. 汇总各类培训资料，以 e-learning 平台为载体建立公司的培训资源库，在公司范围内共享相关的管理培训和业务培训资源。

④绩效管理。

A. 制定和修订公司绩效管理制度，完善绩效考核体系，规范绩效管理的各项流程。

B.组织实施公司绩效目标的分解，协助公司领导、部门负责人设计、完善部门绩效指标与标准，组织签订部门绩效责任书和员工绩效合约。

C.制定员工绩效考核办法，定期组织并协助各部门实施绩效考核工作，汇总、统计、归档绩效考核数据，建立员工绩效考核档案，为绩效奖励的实施提供数据支持。

D.督导各部门负责人做好绩效结果的反馈与沟通工作。

E.受理被考核者的投诉、复议申请及相关后续工作。

⑤薪酬福利管理。

A.负责制定和修订公司薪酬管理制度，不断完善公司薪酬福利管理体系。

B.结合市场薪酬水平和企业经营状况，负责制订合理的薪酬策略及员工薪酬调整方案，测算薪酬总额，提升薪酬预算管理水平。

C.负责制订员工绩效奖励方案，根据员工考核结果做好奖励的核算与发放。

D.负责员工社会保险与住房公积金的购买、调入与调整。

E.负责各部门人力成本的统计分析，并定期反馈给各部门负责人和公司领导，强化公司成本管控意识。

⑥员工关系管理。

A.负责员工劳动合同的订立、变更、终止与解除及员工离职管理。

B.负责受理员工投诉，并组织相关部门妥善解决。

C.负责受理员工与公司劳动争议并及时解决。

D.负责员工档案、调动、户籍管理等工作，及时更新员工信息。

E.负责员工健康体检工作，建立员工健康档案，并根据员工健康情况采取相应的措施。

F.负责员工考勤、休假管理。

（2）行政部。

①行政管理。

A.负责推进和组织公司各项规章制度的拟定及文本的归档管理。

B. 负责组织和筹备公司会议和后续支持活动。

C. 负责公司内外客户的接待与安排工作。

D. 负责公司的公务用车管理，进行科学合理的调度。

E. 制订公司办公费用的预算计划，办公用品的采购、管理和发放工作。

F. 负责公司印章的规范与安全管理。

G. 负责公司固定资产的盘点与规范管理。

②品牌管理。

A. 负责公司品牌管理制度的建立、推广、宣传与执行等工作。

B. 根据公司品牌战略制订年度工作计划和经费预算。

C. 制订公司品牌推广方案，制作及策划各种广告宣传画，联系广告制作业务。

D. 审核公司产品说明书、刊物画册、名片等印刷品的内容与标识。

E. 组织内部员工学习公司品牌管理制度，提升全员品牌管理意识。

③文化管理。

A. 负责员工文化活动方案的制订与组织实施。

B. 组织公司内部信息发布和内部刊物的设计与发行。

C. 负责建立员工与管理层的沟通机制，及时了解员工思想动态。

D. 加强公司价值观的传播与宣导，塑造公司积极文化氛围，提升员工集体荣誉感。

E. 负责企业形象、文化宣传系统的组织设计、优化和推广应用。

④后勤管理。

A. 负责宿舍管理工作。

B. 负责公司卫生管理工作。

C. 负责公司安全管理工作。

D. 负责公司办公环境的整改与维修工作。

⑤其他工作。

A. 负责制定、监督和实施公司合同管理制度。

B. 负责已签订合同的档案管理工作。

C. 负责集团各类报表的上报工作。

D. 负责政府、消防、安监、社保等部门外联工作。

E. 领导交办的其他事项。

（3）IT部。

①负责信息系统的建设及应用维护。

②负责程序的开发与对接。

③负责桌面维护工作。

三、岗位设置

人事行政部中心岗位设置表

部门	岗位
人事行政中心	人事行政总监
人力资源部	经理、招聘、培训、绩效、薪酬、员工关系
行政部	经理、行政、品牌专员、前台、司机、保安、清洁
IT部	经理、IT工程师

四、岗位职责

1. 人事行政总监岗位职责

（1）主持人事行政中心全面工作。

（2）根据公司整体发展战略与年度经营计划，建立科学完善的人力资源管理与开发体系，实现公司人力资源的合理配置与管理效能的有效提升，确保公司不断发展的人才需求，促进员工与公司的共同发展。

（3）围绕公司运营活动的开展，为公司内外部关系的协调提供高效的行政管理服务；保证公司网络的正常运行，推动公司的信息化建设；规范公司品牌管理与经营，推动公司品牌战略的实施与落地。

（4）对人事行政中心各部门的负责人进行指导、监督、绩效评估，并提出任免奖惩的建议。

2. 人力资源部各岗位职责

（1）人力资源部经理岗位职责：

①主持人力资源部全面工作。

②负责公司人力资源管理体系的构建与优化。

③负责人力资源管理各模块的高效运行，提升管理效率。

④负责各年度人力资源管理目标及计划的制订与实施，完成公司下达的绩效目标。

⑤负责对本部门员工进行组织分工、指导监督及绩效评估，并提出任免奖惩的建议。

（2）招聘岗位职责：

①负责招聘管理制度的制定。

②负责岗位说明书的编写和更新。

③根据公司发展需求和现有岗位编制，协调、统计各部门的招聘需求，编制年度人员招聘计划，优化内部人力资源的合理配置。

④开展聘前测试和建立甄别工作，执行招聘、测评、甄选、面试、评价、安置具体事宜，确保招聘效果。

⑤负责办理员工招聘、入职、转正、调动等手续，以完善劳动关系管理。

⑥配合完成新员工的住宿、录指纹、入职指引等工作，使新员工能够快速融入公司。

⑦负责编制与分析各类人事统计报表，为领导提供人力资源决策信息。

⑧负责建立员工职业生涯发展通道。

（3）培训岗位职责：

①负责培训管理制度制定。

②负责收集各部门培训需求和培训计划，编制公司年度培训计划。

③负责监督各部门培训（二级培训）计划的执行。

④配合上级完成一级培训工作。

⑤负责完成新员工入职培训。

⑥负责培训的评估、总结和改进工作。

⑦负责建立和实施公司的内部培训师制度。

（4）绩效岗位职责：

①负责制订公司的绩效考核方案。

②负责将公司绩效目标分解至各个部门、各个员工，组织签订绩效责任书和绩效合约。

③负责进行绩效考核工作，并及时进行总结和改进。

④负责应用考核结果。

⑤负责完善与改进绩效管理制度。

（5）薪酬岗位职责：

①负责制订公司年度薪酬预算及方案，及时交财务部，做好预算管理工作。

②负责核算员工薪酬，确保准确、按时发放员工工资。

③负责制订年终奖发放方案。

④负责建立一线员工技能等级认定体系。

⑤负责制订薪酬调整方案，做到薪酬的内部公平性和外部竞争性。

⑥负责修改完善公司薪酬制度，保证公司薪酬制度与公司发展相适应。

（6）员工关系岗位职责：

①负责劳动合同的签订与变更管理，确保劳动合同管理符合法律规定。

②负责建立内部沟通渠道，及时了解员工动态。

③负责员工建议、投诉的受理。

④负责收集劳动法律法规等，并及时反馈相关人员，规避劳动风险，发生劳动纠纷时及时处理。

⑤负责办理员工入户、招调工手续。

⑥负责办理人员辞职、解聘、退休等相关手续。

⑦负责员工考勤管理工作。

⑧负责目标跟踪单的及时上报。

⑨负责公司 e-learning 平台的维护与推广。

⑩协助招聘，满足公司的用人需求。

3. 行政部各岗位职责

（1）行政部经理岗位职责：

①主持行政部全面工作。

②负责公司行政管理体系的构建与优化。

③负责行政管理各模块的高效运行，提升管理效率。

④负责各年度行政管理目标及计划的制订与实施，完成公司下达的绩效目标。

⑤负责对本部门员工进行组织分工、指导监督及绩效评估，并提出任免奖惩的建议。

（2）行政岗位职责：

①负责采购办公用品，并做好领用登记工作。

②负责管理大/小会议室及保管相关设备(包括投影机、笔记本电脑、相机等)。

③负责会务安排，做好会议会前准备（布置会议现场，准备好投影仪、笔记本电脑等相关设备）。

④负责整理、归档和分发公司各类人事行政文件。

⑤负责做好公司周例会的准备工作及会议记录。

⑥负责做好部门周例会的准备工作及会议记录。

⑦负责固定资产盘点工作。

⑧配合行政主管做好月刊的审稿以及部分稿件采写工作。

⑨负责办理员工意外险。

（3）品牌管理岗位职责：

①负责公司品牌管理制度的建立工作。

②根据公司品牌战略制订年度工作计划和经费预算。

③制订公司品牌推广方案，制作及策划各种广告宣传画，联系广告制作业务。

④审核公司刊物画册、名片等印刷品的内容与标识。

⑤组织内部员工学习公司品牌管理制度，提升全员品牌管理意识。

⑥负责公司的文化管理工作，包括价值观的传播与宣导、文化活动方案的制订与实施等。

（4）前台岗位职责：

①接待来访客人，收发公司快递，办公区域的环境维护。

②负责日常办公用品采购、登记管理，办公室设备管理，酒店、机票订购管理。

③负责公司车辆管理，公司会议室管理。

④负责公司员工商业保险的购买。

⑤负责招聘工作，应聘人员的接待。

⑥预算管理，负责行政人事中心费用的报销。

⑦协助上级人员组织企业文化建设工作，包括公司庆典、年会安排、会务组织、文体活动安排等。

⑧执行上级领导安排的其他工作。

（5）司机岗位职责：

①负责公务出车，满足公司的出车需求。

②负责维护保养公司车辆，确保车辆性能正常、外观整洁。

③负责公司车辆的年检，为车辆办理绿标。

（6）保安岗位职责：

①根据有关规章制度，负责做好防火、防盗、防事故等工作，保证公司利益。

②坚守岗位，认真做好巡逻、检查、护卫等工作，预防发生刑事案件和治安

消防事件。

③外来访客必须在登记簿上详细登记日期、时间、姓名、身份证号、被访公司或被访人姓名和事由，防止闲杂人员进入办公区域。

④大门及其他出入口的保安值班工作，确保24小时都有值班人员。

⑤服从命令、听从指挥，完成领导交办的临时工作。

（7）清洁工岗位职责：

负责清洁打扫公司办公区域，创造干净、整洁的办公环境。

4. IT部各岗位职责

（1）IT部经理岗位职责：

①主持IT部全面工作。

②负责公司IT管理体系的构建与优化。

③负责IT管理各模块的高效运行，提升管理效率。

④负责各年度IT管理目标及计划的制订与实施，完成公司下达的绩效目标。

⑤负责本部门员工的组织分工、指导监督及绩效评估，并提出任免奖惩的建议。

（2）IT工程师岗位职责：

①负责同享HER、K3、Mail、DLP、AD、DNS、SymantecBE等系统的应用维护。

②负责防病软件系统应用及维护。

③负责关键数据备份及检测。

④负责系统账号的创建、变更、禁用等工作。

⑤负责公司网络问题的解决、变更、升级等维护。

⑥负责公司病毒、外围入侵的防护。

⑦负责内部程序评估及开发工作。

⑧负责数据库的优化及部署工作。

⑨公司PC机的维护(硬件、软件、网络、电话等)。

⑩其他电子外围设备的维护。

⑪ 负责系统账号的部署工作。

五．管理权限

人事行政中心审批权限

管理领域	管理模块及管理要项		审批权限划分				运行方式		
	管理模块	管理要项	提议	审核	审定	批准	知会	OA	书面	其他
人事行政管理	组织设计	组织设计	人力资源部门	人力分管副总/人事行政总监	总经理	董事会	/			
	流程设计	审批流程	人力资源部	人力分管副总/人事行政总监	总经理	董事长	/			
	人力规划	人力资源规划	人力资源部门	人力分管副总/人事行政总监	人才战略委员会	董事长	/			
	人员招聘	人才招聘计划	各中心负责人	人事行政总监	人力分管副总	总经理	董事长			
		经理级及以上人员	用人部门	人力资源部人事行政总监	人力资源分管副总	总经理	董事长			
		高级工程师级及以上人员								
		主管级人员								
		普通员工	用人部门	招聘主管		人力资源部经理				
		校园招聘								

217

"人事合一"与"胜任力管理"
来自实践的新理念、新方法

续表

管理领域	管理模块及管理要项			审批权限划分					运行方式		
	管理模块	管理要项	提议	审核	审定	批准	知会	OA	书面	其他
	干部选任	干部选任计划	人力资源部	人事行政总监、人力分管副总	总经理	董事长				
		中心总监、部门经理	人力资源总监	人力分管副总	总经理	董事长	/			
		主管	各部门负责人	人事行政总监 / 人力资源部	人力分管副总	总经理	董事长			
	员工培训	年度培训计划	人力资源部	人事行政总监	人力分管副总	总经理	董事长			
	员工绩效管理	绩效考核	各部门负责人	绩效考核小组	绩效管理委员会	总经理	董事长			
	薪酬管理	年度薪酬预算	人力资源部	财务部 人力副总	总经理	董事长	/			
		年度员工薪酬调整方案	人力资源部	人事行政总监 / 人力分管副总	总经理	董事长	/			
		员工年度绩效奖金方案	人力资源部	人事行政总监 / 人力分管副总	总经理	董事长				
		下属公司薪酬预算	下属公司	人力分管副总	总经理	董事长	/			
		下属公司班子薪酬方案	下属公司	人力分管副总	总经理	董事长	/			
	员工关系	辞退员工及补偿	各部负责人	人力资源部	分管副总	总经理	董事长			

续表

管理模块及管理要项			审批权限划分				运行方式		
管理领域	管理模块	管理要项	提议	审核	审定	批准	知会	OA	书面	其他
		辞职	员工	用人部门	人力分管副总	总经理	董事长			
^^	^^	^^	^^	人力资源部	^^	^^	^^			
	行政管理制度	公司行政管理制度	行政部	人事行政总监/分管副总	总经理	董事长				
	公文管理	上报集团或政府部相关文件	行政部	人事行政总监/分管副总	总经理	董事长	/			
	^^	对内公文发布	发文部门	人事行政总监/分管副总	总经理	董事长	/			
	品牌管理制度	品牌管理制度	行政部	人事行政总监/分管副总	总经理	董事长	/			
	品牌推广方案	品牌推广方案	行政部	人事行政总监/分管副总	总经理	董事长	/			
	员工文化活动方案的制定	员工文化活动方案的制订	行政部		人事行政总监	分管副总	/			
	信息系统建设方案	信息系统建设方案	IT部	人事行政总监/分管副总	总经理	董事长	/			

219